APRENDIZAGEM
LÍNGUA PORTUGUESA

- Conhecimentos linguísticos
- Gênero textual

ATIVIDADES

8

Organizadora:
SM Educação

Obra coletiva, desenvolvida
e produzida por SM Educação.

São Paulo, 1ª edição, 2019

Aprendizagem Língua Portuguesa 8
© Edições SM Ltda.
Todos os direitos reservados

Direção editorial M. Esther Nejm
Gerência editorial Cláudia Carvalho Neves
Gerência de *design* e produção André Monteiro
Edição executiva Andressa Munique Paiva
Colaboração técnico-pedagógica: Raphaela Comisso, Wilker Leite de Sousa
Edição: Ana Spínola, Beatriz Rezende, Carolina Tomasi, Isadora Pileggi Perassollo, Laís Nóbile, Lígia Maria Marques, Rosemeire Carbonari
Suporte editorial: Fernanda Fortunato
Coordenação de preparação e revisão Cláudia Rodrigues do Espírito Santo
Preparação e revisão: Berenice Baeder, Cecilia Farias, Izilda de Oliveira Pereira
Coordenação de *design* Gilciane Munhoz
Coordenação de arte Ulisses Pires
Edição de arte: Andressa Fiorio
Assistência de arte: Janaina Beltrame
Coordenação de iconografia Josiane Laurentino
Pesquisa iconográfica: Ana Stein, Bianca Fanelli
Tratamento de imagem: Marcelo Casaro
Capa Andreza Moreira, Gilciane Munhoz
Projeto gráfico João Pedro Brito, Gilciane Munhoz
Pré-impressão Américo Jesus
Fabricação Alexander Maeda
Impressão BMF Gráfica e Editora

Dados Internacionais de Catalogação na Publicação (CIP)
(Câmara Brasileira do Livro, SP, Brasil)

Aprendizagem língua portuguesa 8 : atividades : ensino fundamental : anos finais / organizadora SM Educação ; obra coletiva, desenvolvida e produzida por SM Educação. — 1. ed. — São Paulo : Edições SM, 2019.

ISBN 978-85-418-2379-1 (aluno)
ISBN 978-85-418-2388-3 (professor)

1. Português (Ensino fundamental)

19-26609 CDD-372.6

Índices para catálogo sistemático:
1. Português : Ensino fundamental 372.6

Maria Alice Ferreira – Bibliotecária – CRB-8/7964

1ª edição, 2019
3ª impressão, 2020

SM Educação
Rua Tenente Lycurgo Lopes da Cruz, 55
Água Branca 05036-120 São Paulo SP Brasil
Tel. 11 2111-7400
atendimento@grupo-sm.com
www.grupo-sm.com/br

APRESENTAÇÃO

Caro aluno, cara aluna,

É com satisfação que apresentamos a coleção **Aprendizagem Língua Portuguesa**, que contempla **atividades** para você colocar em prática seus conhecimentos sobre a língua.

Esta coleção é dividida em três partes:

- **Conhecimentos linguísticos:** síntese de conceitos e atividades diversificadas para você verificar o que aprendeu sobre os conteúdos linguísticos estudados nos anos finais do Ensino Fundamental.

- **Gênero textual:** informações e atividades sobre gêneros variados e de circulação em diferentes contextos, bem como propostas de produção escrita do gênero em estudo para que você possa ter mais experiência de autoria.

- **De olho nas avaliações:** questões de vestibulares e de exames nacionais para você se familiarizar com esses testes e se preparar para ingressar em uma universidade.

Com isso, o objetivo da coleção **Aprendizagem Língua Portuguesa** é aprimorar seus conhecimentos linguísticos e textuais, desenvolver competências e habilidades e ajudá-lo a estudar para avaliações escolares de modo mais autônomo, em casa ou na própria sala de aula.

Desejamos que este material seja um instrumento que potencialize e dinamize seus estudos e lhe proporcione um rico momento de sistematização do aprendizado.

Equipe editorial

SUMÁRIO

CONHECIMENTOS LINGUÍSTICOS

Sujeito 6
- Índice de indeterminação do sujeito 6

O verbo e seus complementos 6
Vírgula entre os termos da oração 7
▶ Praticando 7

Adjunto adverbial 14
Adjunto adnominal 14
Homônimos 14
▶ Praticando 15

Predicativo do objeto 22
Predicado nominal, predicado verbal
e predicado verbo-nominal 22
Parônimos 22
▶ Praticando 22

Complemento nominal 28
Diferença entre complemento nominal,
objeto indireto e adjunto adnominal 28
O emprego do s e do z nas terminações
-ês/-esa e -ez/-eza 28
▶ Praticando 29

Vozes verbais 36
Agente da passiva 36
Grafia dos verbos abundantes 36
▶ Praticando 37

Aposto 44
Vocativo 44
A vírgula entre os termos da oração 44
▶ Praticando 45

Conjunção 50
Período simples e período composto 50
Por que, porque, por quê e *porquê* 50
▶ Praticando 51

Orações coordenadas 58
- Orações coordenadas assindéticas
  e sindéticas 58
- Orações coordenadas sindéticas
  adversativas, aditivas, alternativas,
  explicativas e conclusivas 58

Usos do hífen 58
▶ Praticando 59

GÊNERO TEXTUAL

Conto de enigma	66
Conto de terror	66
▶ Praticando	66
▶ Produzindo	68
Novela de ficção científica	70
Romance de ficção científica	70
▶ Praticando	71
▶ Produzindo	73
Diário íntimo	74
Declaração	74
Petição *on-line*	74
▶ Praticando	75
▶ Produzindo	79
Verbete de enciclopédia	80
Dissertação acadêmica	80
▶ Praticando	81
▶ Produzindo	83

Texto dramático	84
▶ Praticando	84
▶ Produzindo	87
Poema	88
Poema visual	88
▶ Praticando	88
▶ Produzindo	93
Artigo de opinião	94
Editorial	94
▶ Praticando	94
▶ Produzindo	97
Carta do leitor	98
Debate regrado	98
▶ Praticando	99
▶ Produzindo	101

DE OLHO NAS AVALIAÇÕES 102

CONHECIMENTOS LINGUÍSTICOS

Sujeito

- **Sujeito** é o ser sobre o qual se faz uma declaração.
- Quando o sujeito apresenta um único núcleo, ele é classificado como **sujeito simples**.
- Quando o sujeito apresenta mais de um núcleo, ele é classificado como **sujeito composto**.
- O sujeito que não é expresso na oração por uma ou mais palavras, mas que pode ser identificado pela desinência verbal, é classificado como **sujeito desinencial** ou **oculto**.
- O sujeito que não é explicitamente expresso na oração e que também não pode, no contexto, ser identificado pela desinência verbal é classificado como **sujeito indeterminado**.
- As **orações sem sujeito** são formadas por verbos impessoais. São verbos impessoais os que exprimem fenômenos da natureza; o verbo *haver* com sentido de *existir*; os verbos *haver*, *fazer* e *ir* indicando tempo transcorrido; e o verbo *ser* sinalizando tempo em geral.

Índice de indeterminação do sujeito

- Nos casos em que se liga a um verbo intransitivo, transitivo indireto ou de ligação como forma de indeterminar o sujeito, o pronome *se* é chamado de **índice de indeterminação do sujeito**.

O verbo e seus complementos

- Os verbos **transitivos** são verbos que necessitam de complemento para completar seu sentido.
    - Os **verbos transitivos diretos** ligam-se ao complemento sem preposição.
    - Os **verbos transitivos indiretos** ligam-se ao complemento com preposição.
    - Os **verbos transitivos diretos e indiretos** ou **bitransitivos** ligam-se a dois complementos, um antecedido de preposição e outro não.
- O complemento que se liga diretamente ao verbo é o **objeto direto**.
- O complemento que se liga ao verbo por meio de preposição é classificado como **objeto indireto**.
- Os **verbos intransitivos** têm sentido completo; portanto, não precisam de complemento verbal.
- Os **verbos de ligação** têm como função ligar um atributo (característica, estado, qualidade) ao sujeito.
- A palavra ou expressão que revela esse atributo (característica, estado, qualidade) recebe o nome de **predicativo do sujeito**.

Vírgula entre os termos da oração

- Não se emprega a vírgula entre os termos essenciais da oração, ou seja, entre o **sujeito** e o **predicado**.
- Também não se emprega vírgula entre o **verbo** e **seus complementos**.
- Emprega-se a vírgula para separar nomes de lugar quando vêm antepostos a datas, para separar palavras que têm a mesma função sintática na oração e para isolar expressões explicativas (como *ou seja*, *quer dizer*, *por exemplo*).

▶ Praticando

1. Leia o texto a seguir, que apresenta fatos surpreendentes de um dos mais representativos romances da literatura universal.

> **9 fatos surpreendentes sobre Dom Quixote de la Mancha**
>
> *Uma fanfic alterou o rumo de sua história, o autor foi refém de piratas e **há** um musical brasileiro inspirado na obra.*
>
> Ele **é** um dos livros mais populares de todos os tempos. Estima-se que só esteja atrás da Bíblia no *ranking* dos *best-sellers* mundiais. Foi traduzido para mais de 50 línguas e pode ser lido *on-line* gratuitamente. Esse é *Dom Quixote de la Mancha*, do escritor espanhol Miguel de Cervantes Saavedra.
>
> O clássico narra a vida de um fidalgo obcecado por histórias de cavalaria que abraçou a loucura para viver aventuras fantasiosas. A obra teve diversos desdobramentos no rádio, televisão, cinema e teatro em todo o mundo. Um dos mais populares é o musical da Broadway *O homem de la Mancha*, que no Brasil ganhou adaptação livre com roteiro de Miguel Falabella. [...]
>
> Com mais de 400 anos desde o lançamento, a obra e seu autor **são** envoltos por diversas curiosidades.
>
> [...]
>
> **É lido em voz alta ininterruptamente em um evento anual**
>
> A versão em espanhol do livro tem cerca de 1000 páginas (em português, são mais de 1500!). Isso não impede que, desde 1997, uma leitura pública em voz alta e sem interrupções seja feita pelo Círculo de Bellas Artes de Madrid, na Espanha. Realizado pela primeira vez durante as comemorações dos 450 anos do nascimento de Miguel de Cervantes, este passou a ser um evento anual. O Lectura Continuada del Quijote **chegou** à 21ª edição em 2017. É claro que várias pessoas se revezam na tarefa durante as 48 horas de declamação.
>
> [...]

Emilãine Vieira e Vitor Thomaz para Abril Branded Content. 9 fatos surpreendentes sobre Dom Quixote de la Mancha. Revista *Superinteressante*, 25 maio 2017. Disponível em: <http://super.abril.com.br/cultura/9-fatos-surpreendentes-sobre-dom-quixote-de-la-mancha/>. Acesso em: 8 abr. 2019.

- As formas verbais *há*, *é*, *são* e *chegou*, em destaque no trecho, apresentam, respectivamente, sujeito:

    a) ( ) simples, desinencial, composto e composto.
    b) ( ) oração sem sujeito, simples, composto e simples.
    c) ( ) desinencial, indeterminado, simples e indeterminado.
    d) ( ) simples, oração sem sujeito, composto e desinencial.
    e) ( ) indeterminado, oração sem sujeito, simples e desinencial.

2. Levando em conta seu conhecimento sobre os tipos de sujeito, classifique cada um dos sujeitos que compõem o trechos a seguir. Para isso, empregue os números indicados abaixo.

   I. sujeito simples
   II. sujeito composto
   III. sujeito desinencial
   IV. sujeito indeterminado
   V. oração sem sujeito

   ( ) Todos os meus conhecidos têm sido campeões em tudo.
   Fernando Pessoa

   ( ) No matrimônio, existem apenas obrigações e alguns direitos.
   Friedrich Nietzsche

   ( ) Não corras na areia. Não corras assim!
   Álvares de Azevedo

   ( ) Além do RS, também nevou em cidades catarinenses
   Disponível em: <https://noticias.r7.com/cidades/alem-do-rs-tambem-nevou-em-cidades-catarinenses-27082013>. Acesso em: 8 abr. 2019.

   ( ) Corredores iniciam jornada para a São Silvestre
   Disponível em: <https://jconline.ne10.uol.com.br/canal/esportes/outros-esportes/noticia/2018/12/26/corredores-iniciam-jornada-para-a-sao-silvestre-366835.php>. Acesso em: 8 abr. 2019.

   ( ) Somos do tamanho de nossos sonhos.
   Fernando Pessoa

   ( ) Precisa-se de artistas para tornar o mundo menos sombrio
   Disponível em: <https://gauchazh.clicrbs.com.br/colunistas/rosane-de-oliveira/noticia/2018/11/precisa-se-de-artistas-para-tornar-o-mundo-menos-sombrio-cjokqlyde0ejx01pisf5vhzez.html>. Acesso em: 8 abr. 2019.

   ( ) Choveram elogios e aplausos para Josep Guardiola e para o FC Bayern München após a conquista do 24º título na Bundesliga em tempo recorde, na terça-feira.
   Disponível em: <http://pt.uefa.com/memberassociations/association=ger/news/newsid=2078850.html>. Acesso em: 8 abr. 2019.

   • Escolha um dos tipos de sujeito e forme uma frase com o tipo escolhido.
   _____
   _____
   _____
   _____
   _____

3. Leia o texto a seguir e responda às questões da próxima página.

Orloj: o relógio astronômico de Praga

Os antigos chineses, babilônios, assírios, egípcios e gregos já estudavam a influência dos astros e do tempo sobre o homem. **Sabiam** que era extremamente importante ter mais conhecimento sobre essas influências, pois era necessário para a sobrevivência dos povos – assim melhorariam sua colheita, venceriam marés e entenderiam mais seus próprios comportamentos.

A partir daí **nasceram** os grandes mistérios da vida e, com o desenvolvimento das ciências na Idade Média, a vontade do homem de ter o domínio do que estava ao seu redor se intensificou ainda mais, e assim criou o relógio para medir racionalmente o que o rodeava.

E foi nesta concepção que o Orloj (relógio em tcheco) foi criado pelo relojoeiro Nicolás de Kadan e o professor de matemática e astronomia Jan Sindel, em 1410. O grande relógio astronômico **possui** mais de 600 anos, fica na cidade velha de Praga, e é simplesmente uma atração tão curiosa e incrível aos nossos olhos.

Há outros relógios astronômicos espalhados pelo mundo no Reino Unido, Itália, França, Suécia e Itália; mas não tão especiais como este. É por ele que uma multidão, sobretudo as crianças, aguardam ansiosamente esperando bater a hora em ponto para começar o *show* à parte: um miniteatrinho muito interessante que se mistura com símbolos das esculturas e dos adereços, dando mais vida ao espetáculo.

[...]

Pedro Henrique Ferreira. *Blog* O viajante. Disponível em: <http://oviajante.uol.com.br/orloj-o-relogio-astronomico-de-praga-e-seus-misterios/>. Acesso em: 8 abr. 2019.

← Relógio astronômico localizado em Praga, capital da República Tcheca.

a) De acordo com o texto, com que intenção o relógio foi criado?
_____

b) Sobre a classificação do sujeito das formas verbais em destaque no trecho, julgue os itens a seguir.
   I. Tanto o sujeito de *nasceram* quanto o de *há* são simples.
   II. O sujeito de *sabiam* é desinencial, pois está oculto, e o de *há* indica uma oração sem sujeito.
   III. O sujeito de *nasceram* é simples.
   IV. O sujeito de *sabiam* é desinencial, e o de *possui* é simples.
   V. O sujeito de *há* é indeterminado.
   - Estão corretas apenas as afirmativas:
     a) ( ) I, III e V.   c) ( ) I, II e IV.   e) ( ) II e V.
     b) ( ) II, III e IV. d) ( ) I e IV.

4. Leia a tira a seguir e responda às questões.

Jim Davis. Garfield. *Folha de S.Paulo*. Disponível em: <http://www1.folha.uol.com.br/ilustrada/cartum/cartunsdiarios/#01/11/2015>. Acesso em: 8 abr. 2019.

a) Na tira, o gato fantasma tenta assustar Garfield. Ele consegue? Explique.
_____

b) Observe a fala do gato fantasma no primeiro quadrinho. Nesse contexto, como a forma verbal *sou* pode ser classificada? Assinale a alternativa correta.
   ( ) verbo intransitivo
   ( ) verbo transitivo direto
   ( ) verbo transitivo indireto
   ( ) verbo bitransitivo
   ( ) verbo de ligação

c) Agora, explique sua resposta ao item anterior.
_____

d) Em qual das alternativas a seguir a forma verbal em destaque apresenta a mesma classificação de *sou* no primeiro quadrinho da tira?
   ( ) O novo filme do Tim Burton **parece** muito legal.
   ( ) **Cheguei** cedo em casa hoje.
   ( ) **Comprei** as entradas para o cinema.
   ( ) **Corri** bastante no fim de semana.
   ( ) **Preciso** de férias.

e) No segundo quadrinho, qual é a transitividade do verbo *assombrar*? Por quê?
_____

5. Leia a notícia a seguir sobre uma das maiores sagas de ficção científica já produzidas.

'Star Wars' completa 40 anos lançando 'Os Últimos Jedi', 8º filme da saga

Assim como há 40 anos, as experiências dos fãs com as primeiras comemorações oficiais do aniversário de "Star Wars" **foram** com filas quilométricas. Em 25 de maio de 1977, centenas de espectadores dormiram dois dias na frente do Chinese Theater, em Hollywood, para **assistir** à primeira aventura de uma novela espacial.

Já em 13 de abril de 2017, os milhares de fãs que dormiram na frente do Centro de Convenções de Orange County, em Orlando, na Flórida, **enfrentaram** uma fila de quase três horas. Tudo para ver seus ídolos e dar início à "Star Wars Celebration", evento anual da Disney para fãs dos filmes, séries, livros, *games* e produtos relacionados à saga.

Irônico. Em 1977, não se **previa** o sucesso do filme dirigido e escrito por George Lucas. O longa só abriria em 42 salas. Os exibidores acreditavam que era um filme para crianças e só passaram "Guerra nas estrelas" por exigência do estúdio, que não liberaria "O outro lado da meia-noite", previsto para ser um dos *blockbusters* do ano, se os cinemas não **comprassem** a ficção científica.

A saga virou um dos maiores fenômenos *pop* da história e Lucas tornou-se bilionário. Entretanto, quando subiu ao palco de surpresa no evento desta semana, ele já não tinha mais ligação direta com a saga. **Vendeu** sua Lucasfilm para a Disney por US$ 4 bilhões, em 2012, e não participa de decisões criativas.

"A ideia era fazer um filme de ação mais parecido com as matinês dos sábados, mas **enchê**-lo de motivos mitológicos", explicou Lucas para uma plateia de quase duas mil pessoas no maior saguão do centro de convenções. "**Era** um filme para crianças de 12 anos. Queria mostrar ética para quem estava prestes a entrar no mundo de verdade."

Rodrigo Salem/Folhapress. 'Star Wars' completa 40 anos lançando 'Os Últimos Jedi', 8º filme da saga. *Folha de S.Paulo*, 17 abr. 2017. Disponível em: <http://www1.folha.uol.com.br/ilustrada/2017/04/1876106-star-wars-completa-40-anos-lancando-os-ultimos-jedi-8-filme-da-saga.shtml>. Acesso em: 8 abr. 2019.

↑ Boneco de cera do Mestre Yoda, uma das personagens principais da saga *Star Wars*, em exposição no Museu Madame Tussauds, em Berlim, em 2017.

a) Observe os verbos em destaque no trecho e, de acordo com o contexto em que foram empregados, preencha o quadro a seguir, de modo a classificá-los em relação à transitividade.

VERBO DE LIGAÇÃO	VERBO TRANSITIVO DIRETO	VERBO TRANSITIVO INDIRETO	VERBO BITRANSITIVO
_____	_____	_____	_____
_____	_____	_____	_____
_____	_____	_____	_____

b) Escolha uma das classificações acima e forme uma frase com um dos verbos.

_____

6. Leia a tira a seguir.

Dik Browne. Hagar. *Folha de S.Paulo*. Disponível em: <http://www1.folha.uol.com.br/ilustrada/cartum/cartunsdiarios/#21/02/2015>. Acesso em: 8 abr. 2019.

a) Observe a fala do garçom no primeiro quadrinho. Qual é o complemento da forma verbal *gostaria*?

_____

b) Esse complemento foi introduzido por qual palavra? Indique a classificação dessa palavra.

_____

c) Com base na sua resposta ao item anterior, classifique sintaticamente o complemento de *gostaria*.

_____

d) Qual é a transitividade do verbo *gostaria*?

_____

e) No último quadrinho, Hagar emprega a construção "Traga-me o cardápio do jantar!". Assinale qual das alternativas a seguir indica a função do pronome *me*.
   ( ) objeto direto
   ( ) objeto indireto
   ( ) predicativo do sujeito

f) Agora, reúna-se com um colega e criem frases empregando o pronome *me* como objeto direto e como objeto indireto.

_____

7. Leia o trecho a seguir, extraído do livro *O diário de Anne Frank*.

> Quinta-feira, 25 de março de 1943
>
> Querida Kitty,
>
> Mamãe, papai, Margot e eu estávamos muito bem sentados juntos ontem à noite, quando Peter apareceu de súbito e sussurrou no ouvido de papai. Captei as palavras "Um barril derrubado no depósito" e "alguém mexendo na porta".
>
> Margot também ouviu, mas estava tentando me acalmar, porque fiquei branca como giz e nervosíssima. Nós três esperávamos enquanto papai e Peter desciam. Um minuto ou dois mais tarde, a senhora Van Daan subiu. Ela estava escutando o rádio e Pim havia pedido para ela desligar e subir nas pontas dos pés. Mas você sabe o que acontece quando a gente tenta ficar em silêncio – as escadas velhas estalavam duas vezes mais alto. Cinco minutos depois, Peter e Pim, completamente pálidos, apareceram para contar sua experiência.
>
> [...]

Anne Frank. *O diário de Anne Frank*. 62. ed. Rio de Janeiro: Record, 2016. p. 124.

← No canto inferior direito, a casa onde Anne Frank viveu escondida durante a guerra, em Amsterdã, na Holanda.

- Observe no trecho as vírgulas em destaque. A seguir, julgue os itens.

   I. A primeira vírgula está inadequada, pois não se separam nomes de lugar quando vêm antepostos a datas.

   II. A segunda vírgula isola um vocativo e por isso está adequada.

   III. A segunda vírgula está inadequada, pois os vocativos não devem ser isolados por vírgula.

   IV. As terceira e quarta vírgulas são empregadas para separar elementos de mesma função sintática, no caso, sujeito composto.

   Estão corretas as afirmativas:
   a) ( ) I e III.   c) ( ) II e IV.   e) ( ) II, III e IV.
   b) ( ) I e IV.   d) ( ) I, II e IV.

8. Empregue a vírgula nas frases abaixo quando necessário.
   a) Amsterdã 25 de março de 1943.
   b) Anne Frank foi uma vítima do holocausto isto é do assassinato em massa de milhões de judeus ciganos e outras minorias durante a Segunda Guerra Mundial.
   c) Havia campos de concentração nazistas por exemplo na Polônia na Alemanha na Croácia e na Ucrânia.

Adjunto adverbial

- Os **adjuntos adverbiais** são expressões que indicam as circunstâncias de um acontecimento em uma oração.
- Os adjuntos adverbiais podem ser de tempo, lugar, modo, intensidade, negação, afirmação, dúvida, causa, instrumento, etc.
- A função sintática do adjunto adverbial é desempenhada por **advérbios** e por **locuções adverbiais** (expressões formadas por preposição + substantivo, equivalentes a um advérbio).
- O adjunto adverbial geralmente se liga ao **verbo**. Porém, ele também pode estar ligado a um **adjetivo** ou a um **advérbio** (intensificando ou modificando seu sentido).
- Na língua portuguesa, a **ordem direta** de uma oração é: sujeito + verbo + complemento, podendo-se adicionar um adjunto adverbial ao final.
- Em geral, os adjuntos adverbiais podem ocupar posições distintas na oração. Ao deslocar o adjunto adverbial de sua posição convencional (ao final da oração), é possível separá-lo por vírgula(s), para dar destaque à informação introduzida por ele.

Adjunto adnominal

- Os **adjuntos adnominais** são palavras que, em uma oração, caracterizam, especificam ou delimitam o sentido de um substantivo.
- O substantivo, independente de vir ou não acompanhado de um adjunto adnominal que delimite seu sentido, pode exercer diversas funções sintáticas na oração (núcleo do sujeito, núcleo do complemento, núcleo de um adjunto adverbial, etc.).
- As classes gramaticais que podem assumir a função de adjunto adnominal são: artigos, adjetivos, locuções adjetivas, pronomes e numerais.
- Os adjuntos adnominais podem contribuir para a **descrição** de cenas, personagens e lugares nos textos. Isso porque ajudam na **caracterização** desses elementos.

Homônimos

- **Homônimos** são palavras que têm pronúncia ou grafia iguais, mas significados diferentes.
- Homônimos **homófonos** são palavras que se escrevem de forma diferente, mas são pronunciadas da mesma maneira. Exemplos: *sessão/seção*; *assento/acento*; *senso/censo*.
- Homônimos **homógrafos** são palavras que se escrevem da mesma forma, mas são pronunciadas de maneira diferente. Exemplos: *colher* (verbo)/*colher* (substantivo); *olho* (do verbo *olhar*)/*olho* (substantivo).
- Homônimos **perfeitos** são palavras que têm grafia e pronúncia idênticas. Exemplos: *leve* (do verbo *levar*)/*leve* (adjetivo); *cedo* (do verbo *ceder*)/*cedo* (advérbio de tempo).

▶ Praticando

1. Leia o trecho de uma notícia sobre Itamar Assumpção, um importante músico que se destacou na cena independente paulista dos anos 1980.

> **Dez anos após sua morte, Itamar Assumpção permanece original e atrai novos ouvintes**
>
> *Arrigo Barnabé, Paulo Lepetit e outros parceiros musicais relembram a obra do ícone da vanguarda paulista*
>
> "Eu só vou fazer sucesso depois de morto."
>
> Itamar Assumpção era consciente. Ou, pelo menos, parecia ter noção das consequências das decisões que tomou ao longo da carreira. A frase, dita por ele ao baixista e amigo Paulo Lepetit nos anos 1970, soou estranha na época. Exatos dez anos após sua morte, ocorrida em 12 de junho de 2003, ela faz todo o sentido.
>
> O artista, um dos mais representativos da vanguarda paulista – movimento cultural que aconteceu na cidade de São Paulo entre o final dos anos 1970 e o começo da década de 1990 –, é conhecido por não ter feito concessões quando o assunto era música. Motivo pelo qual nunca aceitou convite das grandes gravadoras e só produziu discos independentes. "O Itamar teve todas as oportunidades que alguém, naquela época, poderia ter. Rejeitou por vontade própria", diz Lepetit. "Ele tinha todo o cuidado para não deturparem o que considerava ideal, em termos artísticos", conta a filha Serena Assumpção. As canções dele, no entanto, continuam reverberando tanto na cena alternativa como no *mainstream*. "A música dele é atemporal, e não me surpreende o fato de muita gente estar descobrindo agora", opina Serena.
>
> [...]
>
> Aline Oliveira. Dez anos após sua morte, Itamar Assumpção permanece original e atrai novos ouvintes. *Rolling Stone*. 12 jun. 2013. Disponível em: <http://rollingstone.uol.com.br/noticia/dez-anos-apos-sua-morte-itamar-assumpcao-permanece-original-e-atrai-novos-ouvintes/>. Acesso em: 9 abr. 2019.

a) De que forma a fala de Itamar Assumpção, transcrita no início do texto, dialoga com a fala de sua filha, no final do trecho?

_____
_____
_____

b) Observe a seguir alguns dos adjuntos adverbiais extraídos do texto e marque (**AT**) para adjunto adverbial de tempo e (**AL**) para adjunto adverbial de lugar.
   - (   ) dez anos após sua morte
   - (   ) depois de morto
   - (   ) nos anos 1970
   - (   ) na cidade de São Paulo
   - (   ) entre o final dos anos 1970 e o começo da década de 1990

c) A maioria desses adjuntos adverbiais é de tempo ou de lugar? Qual é a importância desses adjuntos no texto lido?

_____
_____
_____

2. Identifique os adjuntos adverbiais dos títulos de notícia a seguir e classifique-os.

a) Jacaré atravessa calmamente autoestrada nos EUA

b) O que fazer na Lapônia

c) Saída de dólares superou entrada em US$ 137 milhões na semana passada

d) Não usar azeite para fritar e outras 3 regras da culinária derrubadas pela ciência

e) Chuva muito volumosa e risco de deslizamento no Rio de Janeiro

f) Preso homem que comprava carros com cheques clonados

g) Bebê "sai andando" logo após o parto e vídeo viraliza; pediatra explica a cena

3. Leia a frase abaixo, extraída de uma campanha do Ministério da Saúde para o Dia Nacional de Combate ao Fumo.

> Viver **bem** é viver **com saúde**. Fique **longe** do cigarro.
>
> Campanha do Ministério da Saúde para o Dia Nacional de Combate ao Fumo. *Outdoor*, 2011.

- Os termos destacados indicam, respectivamente, adjuntos adverbiais de:
    ( ) modo, modo e lugar.
    ( ) afirmação, intensidade e lugar.
    ( ) modo, meio e modo.

4. Leia a sinopse do livro *Extraordinário*.

> August Pullman, o Auggie, nasceu com uma síndrome genética cuja sequela é uma severa deformidade facial, que lhe impôs diversas **cirurgias** e **complicações** médicas. Por isso ele nunca frequentou uma **escola** de verdade... até agora. Todo mundo sabe que é difícil ser um **aluno** novo, mais ainda quando se tem um rosto tão diferente. Prestes a começar o quinto ano em um **colégio** particular de Nova York, Auggie tem uma missão nada fácil pela frente: convencer os colegas de que, apesar da aparência incomum, ele é um **menino** igual a todos os outros.
>
> Narrado da perspectiva de Auggie e também de seus familiares e amigos, com **momentos** comoventes e outros descontraídos, *Extraordinário* consegue captar o impacto que um menino pode causar na vida e no comportamento de todos, família, amigos e comunidade – um impacto forte, comovente e, sem dúvida nenhuma, extraordinariamente positivo, que vai tocar todo tipo de leitor.
>
> Disponível em: <http://www.intrinseca.com.br/livro/282/>. Acesso em: 9 abr. 2019.

a) Na expressão "uma síndrome genética", qual é a função do artigo indefinido *uma*?
_____
_____

b) Quanto ao adjetivo *genética*, que função adquire nesse trecho?
_____

c) Sintaticamente, tanto o artigo *uma* quanto o adjetivo *genética* apresentam a mesma classificação. Como são classificados?
_____

d) No trecho, alguns substantivos estão em destaque. Identifique os adjuntos adnominais que acompanham cada um deles. Para isso, complete o quadro, indicando os adjuntos que aparecem antes ou depois do substantivo.

ADJUNTO ADNOMINAL	SUBSTANTIVO	ADJUNTO ADNOMINAL
_____	cirurgias	_____
_____	complicações	_____
_____	escola	_____
_____	aluno	_____
_____	colégio	_____
_____	menino	_____
_____	momentos	_____

17

5. Leia um excerto do conto "Coração denunciador", de Edgar Allan Poe. Depois, analise os itens a seguir.

[...] Nessa hora, escutei um **leve** gemido e sabia que era o gemido do terror **mortal**. Não era um gemido de dor ou um lamento — oh, não! —, era o som **baixo**, **abafado**, que emerge do fundo da alma tomada de espanto. Eu conhecia bem o som. Em muitas noites, exatamente à meia-noite, quando o mundo inteiro dormia, ele brotava do meu próprio peito, intensificando, com seu eco **aterrorizante**, os terrores que me perturbavam. Eu sabia o que o velho sentia e tinha pena dele [...]. Eu sabia que ele permanecia deitado, acordado, desde o primeiro ruído, quando tinha virado na cama. [...] a Morte, ao se acercar dele, tinha se aproximado com sua sombra **negra** e envolvido a vítima. E foi a influência **pesarosa** da sombra imperceptível que o fez sentir — embora ele não visse nem ouvisse —, sentir a presença da minha cabeça no quarto. [...]

↑ Edgar Allan Poe (1809-1849).

Edgar Allan Poe. Coração denunciador. Em: Italo Calvino. *Contos fantásticos do século XIX*. São Paulo: Companhia das Letras, 2004. p. 281.

I. Os termos *leve*, *mortal*, *baixo* e *abafado*, *aterrorizante*, *negra* e *pesarosa*, presentes no excerto lido, morfologicamente, pertencem à classe dos adjetivos e têm a função de caracterizar, respectivamente, os seguintes substantivos: *gemido*, *terror*, *som*, *eco*, *sombra* e *influência*.

II. Em termos sintáticos, os adjetivos citados no item anterior funcionam como adjuntos adnominais.

III. Embora sejam considerados termos acessórios da oração, esses adjuntos adnominais têm papel importante na descrição do ambiente sombrio e do terror que o autor quer criar nesse trecho do conto.

IV. Os artigos presentes em "um leve gemido", "o gemido do terror mortal" e "o som baixo, abafado", apesar de acompanharem substantivos, não funcionam como adjuntos adnominais.

V. Os adjetivos presentes em "Eu sabia que ele permanecia deitado, acordado" também funcionam sintaticamente como adjuntos adnominais.

VI. A locução adjetiva utilizada em "um gemido de dor", por ter função caracterizadora, também é classificada como adjunto adnominal.

- Estão corretas apenas as afirmativas:
    a) (   ) I e V.
    b) (   ) I, II, III e VI.
    c) (   ) I e IV.
    d) (   ) II e IV.
    e) (   ) III, IV e VI.

6. Leia um trecho do livro *Vinte mil léguas submarinas*, de Júlio Verne.

> Sou Pierre Aronnax, professor no Museu de História Natural de Paris. Nessa época, eu voltava de uma viagem aos Estados Unidos. O mistério sobre o gigante **dos mares** me fascinava. Já tinha pesquisado **o** assunto em várias publicações **americanas**, sem nada descobrir. Não sabia o que pensar. Minha única certeza era de que algo **extraordinário** estava acontecendo.
>
> Quando cheguei a Nova York, o assunto estava na boca de todos. Alguns afirmavam tratar-se de um monstro **gigante**; outros arriscavam dizer que era uma espécie **de aparelho**, uma nova invenção totalmente desconhecida.
>
> Pensando sobre o assunto, eu me perguntava: "O que acontece nas profundezas oceânicas? Que criaturas as habitam e podem viver a dez ou vinte mil metros abaixo da superfície **das águas**?".
>
> Sendo um homem **da ciência**, tendia a admitir **a** probabilidade de gêneros **novos**, com estrutura desconhecida, habitando camadas oceânicas inacessíveis, mas, se conhecemos todas as espécies vivas, devemos procurar o animal dentre as criaturas **marinhas** já catalogadas. Nesse caso, eu levaria em consideração a hipótese **da existência** de um enorme naval.

Júlio Verne. *Vinte mil léguas submarinas*. São Paulo: FTD, 2014. p. 37-38.

a) Observe os grupos de palavras a seguir e classifique-os morfologicamente. Para isso, utilize as siglas indicadas:

AR para artigo;

AD para adjetivo;

LA para locuções adjetivas.

( ) americanas, extraordinário, gigante, novos, marinhas

( ) dos mares, de aparelho, das águas, da ciência, da existência

( ) *o* e *a*

b) As palavras citadas no item anterior têm a mesma função sintática, ou seja, são adjuntos adnominais. Agora, preencha o quadro a seguir indicando a que palavra cada um dos adjuntos adnominais em destaque no trecho se referem.

dos mares	
o	
americanas	
extraordinário	
gigante	
de aparelho	
das águas	
da ciência	
a	
novos	
marinhas	
da existência	

19

7. Leia a tira a seguir.

Bill Watterson. *Calvin e Haroldo*: e foi assim que tudo começou. 2. ed. São Paulo: Conrad, 2010. p. 41.

a) No segundo quadrinho, Calvin questiona Haroldo sobre qual é o significado da palavra *nós*. Qual é a explicação que Haroldo apresenta a Calvin?
_____
_____
_____

b) No entanto, pelo contexto apresentado por Calvin, qual seria o significado dessa palavra?
_____
_____

c) Qual é a classe gramatical de *nós* no contexto da fala de Calvin? E na resposta de Haroldo?
_____
_____
_____
_____

d) Com base nas respostas que você deu nos itens anteriores, explique por que Calvin, no último quadrinho, afirma que não entende nada de Matemática.
_____
_____
_____
_____

e) Assinale, a seguir, a alternativa que apresenta a classificação correta da palavra *nós* no contexto da fala de Calvin e da resposta do Haroldo.
( ) Ambas as palavras são homônimos homófonos, pois se escrevem de forma diferente, mas se pronunciam da mesma maneira.
( ) Ambas as palavras são homônimos homógrafos, pois se escrevem da mesma forma, mas se pronunciam de maneira diferente.
( ) Ambas as palavras são homônimos perfeitos, pois são palavras com significados diferentes que têm grafia e pronúncia iguais.

8. Relacione os homônimos homófonos indicados abaixo às imagens que representam cada um deles.

(1) cela   (3) cozer   (5) calda   (7) sexto
(2) sela   (4) coser   (6) cauda   (8) cesto

Predicativo do objeto

- O **predicativo do objeto** é utilizado para modificar ou complementar o sentido do objeto direto ou do objeto indireto em uma oração.
- Enquanto a função do predicativo do sujeito é atribuir uma característica ou estado ao sujeito, a função do predicativo do objeto é atribuir uma característica ou estado ao objeto da oração.
- É comum o predicativo do objeto acompanhar verbos como *julgar*, *considerar*, *achar*, entre outros, quando indicam uma opinião sobre o termo que é o objeto direto desses verbos.
- Em geral, o predicativo do objeto é composto de um adjetivo, uma locução adjetiva ou um substantivo.

Predicado nominal, predicado verbal e predicado verbo-nominal

- O **predicado nominal** tem como núcleo um predicativo do sujeito, que se liga ao sujeito por meio de um verbo de ligação.
- O **predicado verbal** tem como núcleo um verbo significativo. No predicado verbal, o verbo pode ser:
    - intransitivo;
    - transitivo direto;
    - transitivo indireto;
    - transitivo direto e indireto.
- O **predicado verbo-nominal** apresenta dois núcleos:
    - um verbo significativo;
    - um predicativo do sujeito ou um predicativo do objeto.

Parônimos

- **Parônimos** são palavras que apresentam significados diferentes, embora sejam parecidas na grafia e na pronúncia. Exemplos: *tráfego/tráfico*; *descrição/discrição*; *eminente/iminente*.

▶ Praticando

1. Complete as orações a seguir empregando um predicativo do objeto.

    a) Elegeram Júlio _____.

    b) Acho Tiago _____.

    c) Economistas consideram _____ a situação do Brasil.

    d) Joana viu Márcio _____.

    e) Os responsáveis elegeram João _____.

    f) Chamaram Beatriz de _____ por sua bela apresentação ao público.

2. Observe as frases a seguir e classifique o predicativo em cada caso, marcando **(PS)** para predicativo do sujeito e **(PO)** para predicativo do objeto.

   a) (   )
   > Conversar com estranhos deixa você **mais feliz**
   >
   > Revista *Superinteressante*, 21 dez. 2016. Disponível em: <http://super.abril.com.br/blogs/cienciamaluca/conversar-com-estranhos-deixa-voce-mais-feliz/>. Acesso em: 10 abr. 2019.

   b) (   )
   > Achei a cidade **muito mais perigosa** do que eu esperava
   >
   > *O popular*, 28 fev. 2016. Disponível em: <http://www.opopular.com.br/editorias/cidade/achei-a-cidade-muito-mais-perigosa-do-que-eu-esperava-1.1044322>. Acesso em: 10 abr. 2019.

   c) (   )
   > Paris é **a cidade mais linda do mundo**
   >
   > UOL Jogos, 18 ago. 2016. Disponível em: <http://forum.jogos.uol.com.br/paris-e-a-cidade-mais-linda-do-mundo_t_3857790>. Acesso em: 3 jul. 2017.

   d) (   )
   > Fazer exercícios físicos nos deixa **mais inteligentes**?
   >
   > Revista *Galileu*. Disponível em: <http://revistagalileu.globo.com/Revista/Common/0,,EMI326746-18540,00-FAZER+EXERCICIOS+FISICOS+NOS+DEIXA+MAIS+INTELIGENTES.html>. Acesso em: 10 abr. 2019.

   e) (   )
   > Boato nas redes sociais sobre cancelamento do Enem é **falso**
   >
   > Empresa Brasil de Comunicação. Disponível em: <http://www.ebc.com.br/educacao/2012/10/boato-nas-redes-sociais-sobre-cancelamento-de-enem-e-falso>. Acesso em: 10 abr. 2019.

3. Leia um fragmento do conto "O alienista", de Machado de Assis.

   > O alienista fez um gesto magnífico, e respondeu:
   >
   > — Trata-se de coisa mais alta, trata-se de uma experiência científica. Digo experiência, porque não me atrevo a assegurar desde já a minha ideia; nem a ciência é outra coisa, Sr. Soares, senão uma investigação constante. Trata-se, pois, de uma experiência, mas uma experiência que vai mudar a face da Terra. A loucura, objeto dos meus estudos, era até agora uma ilha perdida no oceano da razão; começo a suspeitar que é um continente.
   >
   > Disse isto, e calou-se, para ruminar o pasmo do boticário. Depois explicou compridamente a sua ideia. [...] E porque o boticário se admirasse de uma tal promiscuidade, o alienista disse-lhe que era tudo a mesma coisa, e até acrescentou sentenciosamente:
   >
   > — A ferocidade, Sr. Soares, é o grotesco a sério.
   >
   > — Gracioso, muito gracioso! — exclamou Crispim Soares levantando as mãos ao céu.
   >
   > Quanto à ideia de ampliar o território da loucura, achou-a o boticário extravagante; mas a modéstia, principal adorno de seu espírito, não lhe sofreu confessar outra coisa além de um nobre entusiasmo; declarou-a sublime e verdadeira, e acrescentou que era "caso de matraca". Esta expressão não tem equivalente no estilo moderno. Naquele tempo, Itaguaí, que como as demais vilas, arraiais e povoações da colônia, não dispunha de imprensa, tinha dois modos de divulgar uma notícia: ou por meio de cartazes manuscritos e pregados na porta da Câmara, e da matriz; — ou por meio de matraca.
   >
   > Eis em que consistia este segundo uso. Contratava-se um homem por um ou mais dias, para andar as ruas do povoado, com uma matraca na mão.
   >
   > [...]
   >
   > Machado de Assis. *O alienista*. Disponível em: <http://www.dominiopublico.gov.br/download/texto/bv000231.pdf>. Acesso em: 10 abr. 2019.

- Agora, com base no fragmento lido e tendo em vista seus conhecimentos sobre predicativos e predicado, marque verdadeiro (**V**) ou falso (**F**) para as afirmações sobre cada uma das orações I, II e III.

    I. "O alienista fez um gesto magnífico [...]"
    - a) (   ) O verbo *fez* é considerado um verbo significativo e corresponde ao núcleo do predicado.
    - b) (   ) O termo *magnífico*, embora indique uma característica, não pode ser classificado como predicativo, mas sim como adjunto adnominal.
    - c) (   ) O predicado dessa oração corresponde ao trecho "fez um gesto", já que apresenta o verbo *fazer* e o objeto direto *um gesto*.
    - d) (   ) O predicado, em tal oração, é verbal.
    - e) (   ) O predicado, em tal oração, é classificado como verbo-nominal.

    II. "— A ferocidade, Sr. Soares, é o grotesco a sério."
    - a) (   ) O verbo *é* é um verbo de ligação, já que faz a ligação entre "A ferocidade" e "o grotesco a sério".
    - b) (   ) Em termos sintáticos, "Sr. Soares" funciona como sujeito da oração.
    - c) (   ) O trecho "o grotesco a sério" funciona, sintaticamente, como predicativo do sujeito e corresponde ao núcleo do predicado.
    - d) (   ) O predicado, em tal oração, é nominal.
    - e) (   ) O predicado, em tal oração, é classificado como verbo-nominal.

    III. "Quanto à ideia de ampliar o território da loucura, achou-a o boticário extravagante [...]"
    - a) (   ) O verbo *achar* é um verbo de ligação.
    - b) (   ) O termo *o boticário* é classificado como sujeito da oração "achou-a o boticário extravagante".
    - c) (   ) O pronome *a*, que completa o verbo *achar*, funciona, sintaticamente, como objeto direto e representa o termo *ideia*, que é apresentado na oração anterior.
    - d) (   ) O termo *extravagante* é predicativo do sujeito.
    - e) (   ) O predicado em "achou-a o boticário extravagante" pode ser considerado um predicado verbal.
    - f) (   ) O predicado em "achou-a o boticário extravagante" é classificado como verbo-nominal, sendo núcleos o verbo *achar* e o predicativo do objeto *extravagante*.

4. Ainda sobre o fragmento do conto "O alienista", de Machado de Assis, releia o período.

    > Quanto à ideia de ampliar o território da loucura, achou-a o boticário extravagante; mas a modéstia, principal adorno de seu espírito, não lhe sofreu confessar outra coisa além de um nobre entusiasmo; declarou-a **sublime** e **verdadeira**, e acrescentou que era "caso de matraca".

    - Os termos em destaque funcionam, sintaticamente, como:
        - a) (   ) objetos diretos.
        - b) (   ) adjuntos adnominais.
        - c) (   ) predicativos do objeto.
        - d) (   ) predicativos do sujeito.

5. Leia o texto a seguir e, depois, analise as afirmações.

> **Perguntas modernas**
>
> Joãozinho pergunta à mãe, que está grávida:
>
> — Como meu irmãozinho vai sair da sua barriga?
>
> Ao que a mãe responde:
>
> — Filho, primeiro vai sair a cabeça, depois os braços, em seguida, o corpinho e no final saem os pés.
>
> E o menino logo completa:
>
> —Aaah! E depois montam ele, né, mãe?!
>
> Piadas, 3 maio 2015. Disponível em: <http://piadas.com.br/piadas/piadas-do-joaozinho/perguntas-modernas>. Acesso em: 10 abr. 2019.

I. Em "Joãozinho pergunta à mãe", temos um predicado verbal, já que o verbo é transitivo direto e não há predicativos.

II. Na oração "que está grávida", o pronome *que* funciona como sujeito e representa o termo *mãe*, utilizado na oração anterior.

III. Em "que está grávida", temos um predicado nominal.

IV. O termo *grávida* é predicativo do objeto.

- Estão corretas somente as alternativas:
  a) ( ) I e II.
  b) ( ) II e III.
  c) ( ) II e IV.
  d) ( ) I, II e IV.
  e) ( ) I, III e IV.

6. Leia um trecho do livro *A guerra não tem rosto de mulher*, da escritora bielo-russa Svetlana Alexijevich, ganhadora do Prêmio Nobel de Literatura em 2015. Nessa obra, a autora se propõe a retratar a guerra sob a ótica das mulheres que lutaram nos *fronts* na Segunda Guerra Mundial.

> Durante dois anos, mais do que fazer entrevistas e tomar notas, eu fiquei pensando. Lendo. Sobre o que será meu livro? Ah, mais um livro sobre a guerra... Para quê? **Já aconteceram milhares de guerras** – pequenas e grandes, famosas e desconhecidas. **E o que se escreveu sobre elas é ainda mais numeroso.** Mas... Foi escrito por homens e sobre homens, isso ficou muito claro na hora. Tudo o que sabemos da guerra conhecemos por uma "voz masculina". **Somos todos prisioneiros de representações e sensações "masculinas" de guerra.** Das palavras "masculinas". **Já as mulheres estão caladas.** Ninguém, além de mim, fazia perguntas para a minha avó. Para a minha mãe. Até as que estiveram no *front* estão caladas. Se de repente começam a lembrar, contam não a guerra "feminina", mas a "masculina". Seguem o cânone. E só em casa, ou depois de derramar algumas lágrimas junto às amigas do *front*, elas começam a falar da sua guerra, que eu desconhecia. Não só eu, todos nós. Em minhas viagens jornalísticas, mais de uma vez fui testemunha, a única ouvinte de textos absolutamente novos. E experimentava um espanto igual ao de minha infância. [...]
>
> Quero escrever a história dessa guerra. A história das mulheres. [...]
>
> Svetlana Alexijevich. *A guerra não tem rosto de mulher*. São Paulo: Companhia das Letras, 2016. p. 11-12.

a) De acordo com o trecho, qual foi a motivação da autora para escrever o livro *A guerra não tem rosto de mulher*?

_____

_____

b) Sobre as orações destacadas no trecho, avalie os itens a seguir.

I. Na oração "Já aconteceram milhares de guerras", o sujeito é "milhares de guerras" e o predicado é verbal.

II. Na oração "Já as mulheres estão caladas", temos um predicado nominal, cujo núcleo é o predicativo *caladas*, que se refere ao sujeito *mulheres*.

III. Na oração "E o que se escreveu sobre elas é ainda mais numeroso", o termo *numeroso* é um predicativo do objeto.

IV. Na oração "Somos todos prisioneiros de representações e sensações 'masculinas' de guerra", o sujeito é *todos* e o predicado é nominal, cujo núcleo é o predicativo *prisioneiros*.

- Estão corretas somente as afirmativas:
  ( ) I e II.
  ( ) II, III e IV.
  ( ) I, II e IV.
  ( ) III e IV.
  ( ) I e III.

7. Leia a seguir a sinopse de um livro do escritor alemão Bertolt Brecht (1898-1956) sobre os impactos da Segunda Guerra Mundial na vida de um grupo de crianças.

> Este comovente poema narrativo, do consagrado escritor alemão Bertolt Brecht, conta a história da árdua peregrinação de um grupo de crianças órfãs que foge dos horrores provocados pela Segunda Guerra Mundial e que, juntas, enfrentam toda a sorte de dificuldades em busca de um lugar seguro onde refugiar-se. Sem perder a esperança e a solidariedade, os pequenos peregrinos lutam contra a fome, o frio, a miséria e o desamparo.
>
> O pulo do gato: a força do conteúdo humanista e antibélico é atemporal. O realismo dos desenhos em branco e preto, de traços rápidos, quase um esboço, reflete igualmente a crueza da guerra em oposição à fragilidade da infância. A cor branca dá voz ao inverno implacável.
>
> Do que trata o livro: ética, convivência, guerra, sobrevivência, direitos humanos, solidariedade.

Disponível em: <http://www.editorapulodogato.com.br/livro.php?id=39>. Acesso em: 10 abr. 2019.

a) Em sua opinião, com que intenção Brecht escreveu um livro com essa temática?
_____
_____
_____

b) Na oração "Este comovente poema narrativo [...] conta a história da árdua peregrinação de um grupo de crianças órfãs", identifique os seguintes elementos:

- Sujeito: _____
- Núcleo do sujeito: _____
- Verbo: _____
- Transitividade do verbo: _____
- Tipo de predicado: _____
- Núcleo do predicado: _____

c) Na oração "a força do conteúdo humanista e antibélico é atemporal", qual é o tipo de predicado? Identifique o núcleo desse predicado.

_____
_____

8. Observe os parônimos e relacione-os com os sentidos implícitos que podem ser deduzidos nos títulos a seguir.

   I. Cavaleiro   II. Cavalheiro   III. Fragrante   IV. Flagrante

   a) (   )

   Atriz que interpreta Daenerys é o rosto do novo perfume da D&G

   Disponível em: <https://espalhafactos.com/2017/03/14/atriz-daenerys-perfume-dolcegabanna/>. Acesso em: 10 abr. 2019.

   b) (   )

   Homem é preso [...] por tentativa de roubo em Piracicaba, SP

   Disponível em: <http://g1.globo.com/sp/piracicaba-regiao/noticia/2017/02/homem-e-preso-em-flagrante-por-tentativa-de-roubo-em-piracicaba.html>. Acesso em: 10 abr. 2019.

   c) (   )

   Americano é multado após ir a cavalo de rancho até restaurante *fast-food*

   Disponível em: <http://g1.globo.com/planeta-bizarro/noticia/2015/04/americano-e-multado-apos-ir-cavalo-de-rancho-ate-restaurante-fast-food.html>. Acesso em: 10 abr. 2019.

   d) (   )

   Homem beta está em alta: ele é romântico e educado

   Disponível em: <http://jornalocal.com.br/site/moda-e-beleza/homem-beta-esta-em-alta-ele-e-romantico-e-educado>. Acesso em: 10 abr. 2019.

9. Leia as frases abaixo e empregue corretamente os termos propostos entre parênteses, considerando o contexto.

   a) No aeroporto, o menino _____ para a foto assim que o avião _____ na pista. (pousou/posou)

   b) O _____ cuidava do gado enquanto sua filha brincava com um _____ de madeira. (peão/pião)

   c) Após receber _____ do trabalho, passei pela _____ para pegar meu lanche. (despensa/dispensa)

   d) Assim que o navio _____ no mar, a tripulação _____ a tempo de se salvar. (imergiu/emergiu)

   e) O júri _____ o réu. A decisão imediatamente _____ a atenção da mídia. (absorveu/absolveu)

   f) Enquanto brasileiros _____ para o exterior à procura de emprego, africanos _____ para cá em busca de novas oportunidades. (imigram/emigram)

   g) Depois que _____ o alarme, o policial _____ para prender o bandido. (suou/soou)

Complemento nominal

- O **complemento nominal** é um termo que completa o sentido de nomes transitivos: substantivos, adjetivos e advérbios.
- **Nomes transitivos** são aqueles que necessitam de um complemento para ter seu sentido completo.
- Geralmente, os nomes derivados de verbos, quaisquer que sejam, necessitam de complemento nominal.
- Os complementos nominais sempre são introduzidos por meio de uma **preposição** (*de*, *a*, *em*, *por*, etc.).

Diferença entre complemento nominal, objeto indireto e adjunto adnominal

- Por vezes, o **complemento nominal** é confundido com o **objeto indireto** devido à maneira como são estruturados: ambos são iniciados por **preposição**. No entanto, o objeto indireto completa o sentido de um **verbo transitivo indireto**, e o complemento nominal complementa o sentido de um **nome transitivo**.
- Já o **adjunto adnominal** é um termo acessório da oração e tem valor adjetivo, ou seja, é utilizado para especificar ou delimitar o sentido de um **substantivo**. Pode ou não ser introduzido por preposição.
- Na maioria das vezes, o complemento nominal e o adjunto adnominal não se confundem. Uma pequena confusão, contudo, pode acontecer quando o adjunto adnominal é introduzido por preposição (ex.: banca *de revista*) e quando o complemento nominal se refere a substantivo (ex.: necessidade *de paz*).
- Em caso de dúvida, para verificar se a função desempenhada pelo termo em análise é de complemento nominal ou de adjunto adnominal, é preciso analisar a relação existente entre esses termos e o nome a que eles se referem.
- O complemento nominal estabelece uma relação de dependência entre os termos, pois alguns nomes requerem a presença de um complemento para ter sentido claro; o adjunto adnominal tem um caráter acessório, pois especifica o sentido de um substantivo.

O emprego do s e do z nas terminações -ês/-esa e -ez/-eza

- Os **adjetivos gentílicos**, ou seja, aqueles que indicam **origem** ou **procedência**, e os **títulos de nobreza** são sempre escritos com a terminação *-ês/-esa*.
- Usa-se a terminação *-ez/-eza* em **substantivos abstratos** derivados de adjetivos que exprimem:
  - qualidade;
  - propriedade;
  - modo de ser;
  - estado;
  - condição.

▶ Praticando

1. Leia a seguir um trecho do relato de viagem de Che Guevara pela América do Sul.

> Cuzco é totalmente cercada por montanhas, que representam tanto perigo para seus habitantes quanto fatores de defesa. Para defender-se, os incas construíram a fortaleza gigantesca de Sacsahuamán. Pelo menos, essa é a versão aceita por quase todos, uma versão que eu não posso refutar, por razões óbvias. Mas é possível, no entanto, que a fortaleza tenha sido, na realidade, o centro original da cidade. Em uma época imediatamente posterior ao abandono da vida nômade por parte dos incas, quando eles eram apenas uma tribo ambiciosa e defender-se contra um adversário numericamente superior era essencial para a sobrevivência da população ali assentada, as muralhas de Sacsahuamán ofereciam a proteção ideal.

Ernesto Che Guevara. *De moto pela América do Sul*: diário de viagem. São Paulo: Sá/Rosari, 2001. p. 110-111.

← Fortaleza inca de Sacsahuamán, em Cuzco, no Peru.

a) Identifique o tipo de verbo empregado na oração "Cuzco é totalmente cercada por montanhas".

_____

b) Qual é o predicativo do sujeito dessa expressão?

_____

c) Nesse predicativo, há um complemento nominal. Identifique-o e explique a relação que ele estabelece com o núcleo do predicativo do sujeito.

_____
_____

d) Agora, releia os trechos abaixo e depois marque verdadeiro (**V**) ou falso (**F**) para as afirmativas a seguir.

  I. "[...] essa é a versão aceita por quase todos [...]"
  II. "[...] defender-se contra um adversário numericamente superior era essencial para a sobrevivência da população ali assentada [...]"

  ( ) No trecho I, a expressão "por quase todos" é um complemento nominal.
  ( ) No trecho II, a expressão "contra um adversário numericamente superior" é um complemento nominal.
  ( ) No trecho I, não há predicativo do sujeito.
  ( ) No trecho II, na expressão "para a sobrevivência", o *para* é uma preposição e introduz o complemento nominal.
  ( ) No trecho II, a expressão "da população" é um adjunto adnominal.

2. Os complementos nominais são termos da oração que complementam o sentido de substantivos, adjetivos e advérbios. Levando em conta essa informação e o que você estudou sobre o assunto, identifique e copie os complementos nominais presentes nos seguintes títulos de notícia:

a) Descoberta dos fósseis mais antigos da Terra pode motivar busca por vida extraterrestre

Disponível em: <https://climatologiageografica.com/descoberta-dos-fosseis-mais-antigos-da-terra-pode-motivar-busca-por-vida-extraterrestre/>. Acesso em: 3 jul. 2017.

b) Necessidade de financiamento do país cai a R$ 20,3 bi no 1º trimestre

Disponível em: <http://www.valor.com.br/brasil/4988756/necessidade-de-financiamento-do-pais-cai-r-203-bi-no-1-trimestre>. Acesso em: 12 abr. 2019.

c) Pesquisa Datafolha mostra que o orgulho de ser brasileiro acabou

Disponível em: <http://www1.folha.uol.com.br/colunas/marilizpereirajorge/2017/05/1881675-pesquisa-datafolha-mostra-que-o-orgulho-de-ser-brasileiro-acabou.shtml>. Acesso em: 12 abr. 2019.

d) O turismo se faz com profissionalismo e respeito ao meio ambiente

Disponível em: <https://www.terra.com.br/noticias/dino/o-turismo-se-faz-com-profissionalismo-e-respeito-ao-meio-ambiente,1bd4d00fce344012603f634aeb4e2c0c0ib37fik.html>. Acesso em: 12 abr. 2019.

e) Manutenção pode causar falta de água neste domingo em pelo menos dois bairros de Blumenau

Disponível em: <https://www.nsctotal.com.br/noticias/manutencao-pode-causar-falta-de-agua-neste-domingo-em-pelo-menos-dois-bairros-de-blumenau>. Acesso em: 12 abr. 2019.

f) Terremoto de magnitude 6,3 atinge mar perto de Timor-Leste

Disponível em: <https://www.diariodaamazonia.com.br/terremoto-de-magnitude-63-atinge-mar-perto-de-timor-leste>. Acesso em: 12 abr. 2019.

g) Planejamento é essencial para o sucesso de todo negócio

Disponível em: <https://www.cpt.com.br/noticias/planejamento-essencial-sucesso-negocio>. Acesso em: 12 abr. 2019.

h) "Capitã Marvel" ganha novo *trailer* cheio de ação e cenas novas

Disponível em: <https://www.97fm.com.br/noticias/noticia.php?n=581>. Acesso em: 12 abr. 2019.

i) "O amor ao futebol é o que me move", diz Cristiane

Disponível em: <https://www.noticiasaominuto.com.br/esporte/581675/o-amor-ao-futebol-e-o-que-me-move-diz-cristiane>. Acesso em: 12 abr. 2019.

3. Leia um fragmento da biografia da heroína Joana d'Arc (1412-1431).

Joana d'Arc

Joana d'Arc (1412-1431) nasceu no vilarejo de Domrémy, França, no dia 6 de janeiro de 1412. Filha de Jacques d'Arc e Isabelle Romée, teve três irmãos e uma irmã. Ajudava o pai no trabalho na terra e na criação de carneiros. Não aprendeu a ler nem escrever. Joana foi criada seguindo os princípios da fé católica e, com doze anos de idade, afirmava que o arcanjo São Miguel, Santa Catarina e Santa Margarida apareceram numa grande luz e a ordenaram a procurar o príncipe Carlos VII, a libertar a cidade de Orléans – que estava em poder dos ingleses – e a coroar Carlos VII o soberano da França.

[...]

Com dezessete anos, Joana resolve pedir uma escolta para acompanhá-la até o príncipe. Viajou dez dias e dez noites e chegou ao Castelo na cidade de Chinon. Interrogada por bispos e cardeais, acaba por convencer a todos. Joana ganha a confiança de Carlos VII, que depressa entrega-lhe o título de chefe de guerra. Logo parte liderando a tropa e, durante três dias, com violentas investidas, consegue vencer os inimigos, que batem em retirada. Estava libertada a cidade de Orléans.

[...]

Na primavera de 1430, Joana retoma a campanha militar e tenta libertar a cidade de Compiègne, dominada pelos borgonheses, aliados dos ingleses. É presa em 23 de maio do mesmo ano e entregue aos ingleses, cujo objetivo era que ela fosse julgada pela Santa Inquisição, o mais elevado tribunal da Igreja na França. O tribunal reuniu-se pela primeira vez em fevereiro de 1431, com a presença do Bispo, um partidário do Duque de Borgonha, aliado à Inglaterra. Seu julgamento foi uma verdadeira tortura, acusada de herege e feiticeira, depois de meses de julgamento é queimada viva, no dia 30 de maio de 1431. Depois de 25 anos, a Igreja reabre seu processo e Joana d'Arc é reabilitada de todas as acusações, torna-se a primeira heroína da nação francesa. No dia 16 de maio de 1920, 500 anos depois, o papa Bento XV a proclama santa. Hoje, Joana d'Arc é a Santa Padroeira da França.

↑ Estátua representando Joana d'Arc, em Paris, França.

Dilva Frazão. *E-biografia*. Disponível em: <http://www.e-biografias.net/joana_darc/>. Acesso em: 12 abr. 2019.

a) Agora, julgue os itens a seguir, sobre a oração "Ajudava o pai no trabalho na terra e na criação de carneiros", marcando verdadeiro (**V**) ou falso (**F**).

( ) A expressão "na terra" tem valor adjetivo, sendo usada para delimitar o sentido do substantivo *trabalho*.

( ) Sintaticamente, a expressão "na terra" é um adjunto adnominal.

( ) O termo *criação* é um nome transitivo.

( ) A expressão "de carneiros" completa o sentido de *criação*, sendo, portanto, um complemento nominal.

( ) A oração "Ajudava o pai no trabalho na terra e na criação de carneiros" continuaria coerente sem a expressão "de carneiros".

b) Na oração "Joana foi criada seguindo os princípios **da fé católica** [...]", como pode ser classificado sintaticamente o trecho em destaque?

4. Analise os seguintes períodos:

I. Sindmepa faz recomendações **aos médicos** que atendem na rede pública

Disponível em: <http://www.simesp.org.br/imprensa.php?Ler-editoria;1654>. Acesso em: 12 abr. 2019.

II. Alonso não correrá no GP da Austrália por recomendação **dos médicos**

Disponível em: <http://noticias.portalvox.com/esportes/2015/03/alonso-nao-correra-gp-da-australia-por-recomendacao-de-medicos.html>. Acesso em: 3 mar. 2015.

- Agora, responda às questões referentes aos períodos que você acabou de ler.

  a) A que classe de palavras pertence o termo *recomendação*, presente nos dois períodos em análise?

  b) No primeiro período, *recomendações* pode ser considerada uma palavra transitiva? Explique.

  c) Em qual dos períodos a expressão destacada é complemento nominal? Justifique.

  d) Como pode ser classificada, sintaticamente, a outra expressão destacada? Justifique.

  e) Por qual adjetivo essa expressão pode ser substituída?

  f) Se transformássemos a frase "Sindmepa faz recomendações aos médicos que atendem na rede pública" em "Sindmepa recomenda aos médicos [...]", qual seria a função sintática de "aos médicos"? Por quê?

5. Leia o trecho de uma reportagem sobre uma exposição da artista francesa Camille Claudel (1864-1943).

> ### Museu realça obra pungente da escultora francesa Camille Claudel
>
> RESUMO A apreciação **do trabalho** da escultora francesa Camille Claudel sempre foi contaminada **pela trajetória pessoal** da artista, que incluiu uma relação malfadada com Auguste Rodin e uma internação de quase 30 anos em um hospital psiquiátrico. Um novo museu dedicado somente à obra dela tenta corrigir essa distorção.
>
> Até os anos 1970, a escultora e pintora francesa Camille Claudel (1864-1943) não constava em nenhum livro **de história da arte**. A brevíssima menção a ela num dicionário **de artistas** editado à época continha equívocos em informações básicas, como o ano de sua morte e seu gênero (Camille, na França, é nome unissex).
>
> O descaso se estendia às casas **de leilões**. *A Pequena Castelã*, busto de 1896 descrito por um estabelecimento em Versalhes como um "mármore assinado por um certo Claudel ideal para decorar jardim", foi vendido na década de 1970 por menos de mil francos, valor irrisório.
>
> Dizer que o jogo virou é pouco. Embalados pelo interesse crescente no estatuário do século 19 e no trabalho de artistas mulheres, historiadores **da arte** redescobriram a obra de Claudel e começaram a publicar artigos e livros no início dos anos 1980.
>
> "Hoje não consigo mais acompanhar tudo o que sai sobre ela", conta Bruno Gaudichon, diretor do museu La Piscine, em Roubaix (norte da França), que assinou o primeiro catálogo **da escultora** em 1984 e a curadoria de várias exposições ancoradas **na obra dela**. O La Piscine adquiriu *La Petite Châtelaine* em 1996 por 4 milhões de francos, correspondentes a cerca de € 800 mil (R$ 2,8 milhões).

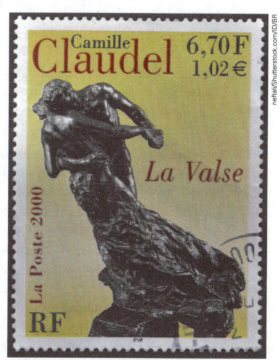

↑ Selo comemorativo em homenagem a Camille Claudel, retratando *A valsa*, uma de suas principais obras.

Isabel Junqueira. Museu realça obra pungente da escultora francesa Camille Claudel. *Folha de S.Paulo*, 7 maio 2017. Disponível em: <http://www1.folha.uol.com.br/ilustrissima/2017/05/1881550-museu-realca-obra-pungente-da-escultora-francesa-camille-claudel.shtml>. Acesso em: 12 abr. 2019.

a) De acordo com o trecho, quais fatores contribuíram para a valorização da obra de Camille Claudel?

_____

_____

b) Observe as expressões em destaque no trecho e classifique-as, marcando **(CN)** para complemento nominal e **(AD)** para adjunto adnominal.

( ) do trabalho ( ) de leilões
( ) pela trajetória pessoal ( ) da arte
( ) de história da arte ( ) da escultora
( ) de artistas ( ) na obra dela

6. Leia o poema a seguir.

Neurastenia

Sinto hoje a alma cheia de tristeza!
Um sino dobra em mim Ave-Marias!
Lá fora, a chuva, brancas mãos esguias,
Faz na vidraça rendas de Veneza...

O vento desgrenhado chora e reza
Por alma dos que estão nas agonias!
E flocos de neve, aves brancas, frias,
Batem as asas pela Natureza...

Chuva... tenho tristeza! Mas por quê?!
Vento... tenho saudades! Mas de quê?!
Ó neve que destino triste o nosso!

Ó chuva! Ó vento! Ó neve! Que tortura!
Gritem ao mundo inteiro esta amargura,
Digam isto que sinto que eu não posso!!

Florbela Espanca. Neurastenia. *Poemas*. São Paulo: Martins Fontes, 2005. p. 141.

• Agora, tendo em vista os versos do poema lido e também seus conhecimentos sobre o emprego do *z* na terminação *-eza*, escreva (**V**) para as afirmativas verdadeiras e (**F**) para as afirmativas falsas.

a) (   ) Em "Sinto hoje a alma cheia de tristeza!", a palavra *tristeza* pode ser classificada morfologicamente como um substantivo abstrato.

b) (   ) A palavra *tristeza* origina-se do adjetivo *triste*.

c) (   ) A palavra *Veneza*, empregada no verso "Faz na vidraça rendas de Veneza...", também é um substantivo abstrato.

d) (   ) Em "E flocos de neve, aves brancas, frias", o adjetivo *frias* pode originar um substantivo abstrato terminado em *-eza*.

e) (   ) A palavra *Natureza*, presente em "Batem as asas pela Natureza...", é um substantivo abstrato que deriva do substantivo *natural*.

7. Complete as frases a seguir com substantivos abstratos derivados dos adjetivos apresentados entre parênteses.

a) A _____ de Renato era nítida quando ele se assustou ontem. (pálido)

b) A _____ não impede a pessoa de realizar diversas atividades do cotidiano. (surdo)

c) A _____ é uma virtude de Ângela. (sensato)

d) A _____ com que ele terminou a atividade surpreendeu a todos. (rápido)

e) Todos sabem que _____ não é sua maior característica. (sutil)

f) A _____ de variedade dos alimentos em nossas refeições é um sério problema. (escasso)

g) A _____ é um dos sete pecados capitais. (avaro)

h) A _____ com que a lesma anda é surpreendente. (lerdo)

8. Observe a seguir o cartaz de um filme argentino dirigido por Sebastian Borensztein e lançado em 2011.

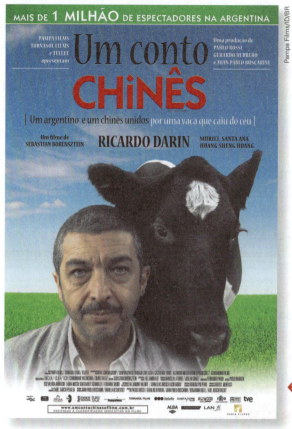

← *Um conto chinês*, filme de Sebastian Borensztein (Argentina, 2011, 93 min).

a) Observe o título do filme. A palavra *chinês* foi grafada com *s*. Assinale a seguir a alternativa que explica essa escrita.
   ( ) É um adjetivo gentílico, ou seja, que indica origem ou procedência.
   ( ) É um substantivo abstrato derivado de um adjetivo que exprime qualidade, propriedade, modo de ser, estado ou condição.

b) Como ficaria o título do filme se a palavra *conto* fosse substituída por *história*? Reescreva-o fazendo os ajustes necessários.
_____

c) Escreva os adjetivos correspondentes a cada indicação a seguir.
   • Pessoa nascida na Dinamarca:
   _____
   • Pessoa nascida em Senegal:
   _____
   • Pessoa nascida em Camarões:
   _____

d) Nem todos os adjetivos gentílicos apresentam essa terminação. Escolha três origens/cidades e escreva os adjetivos gentílicos correspondentes.
_____
_____

Vozes verbais

- Os tipos de relação estabelecida entre o sujeito e os verbos recebem o nome de **vozes verbais** e são classificados em: voz ativa, passiva e reflexiva.
- Na **voz verbal ativa**, a forma verbal indica que o sujeito da oração é **agente** e **autor** da ação. Exemplo: Pedro emprestou sua bicicleta.
- Na **voz passiva**, o sujeito da oração é **paciente**, uma vez que ele sofre a ação verbal (e não a executa). Há dois tipos de voz passiva: a analítica e a sintética.
    - A **voz passiva analítica** é formada pelo verbo *ser* mais o **particípio** do verbo principal. Exemplo: A bicicleta foi emprestada por Pedro.
    - A **voz passiva sintética** ou **pronominal** é formada por um verbo acompanhado do pronome oblíquo *se*, que recebe, nesse caso, o nome de **partícula apassivadora**. Exemplo: Empresta-se bicicleta.
- Para construir uma oração na voz passiva, precisamos de um verbo transitivo direto. Quando a forma verbal está na voz passiva, o **objeto direto** passa a ser o **sujeito** da oração.
- Ao transpor uma oração da voz ativa para a voz passiva, é preciso manter o mesmo **tempo verbal**.
- Na **voz reflexiva**, o sujeito da oração pratica e recebe a ação ao mesmo tempo. A voz reflexiva é formada por um verbo mais um pronome reflexivo. Exemplos: A conversa esticou-se até tarde da noite; Virei-me de repente.

Agente da passiva

- **Agente da passiva** é aquele que, na voz passiva, pratica a ação verbal. Ele vem sempre antecedido de preposição – em geral, pela preposição *por*, que pode se contrair com artigos e tornar-se *pelo(s)* ou *pela(s)*.
- Nem sempre o agente da passiva é expresso na frase. Ele pode ser omitido para indeterminar o sujeito da ação. Nesse caso, a oração correspondente na voz ativa tem seu verbo na terceira pessoa do plural. Exemplo: O pacote foi entregue; Entregaram o pacote.

Grafia dos verbos abundantes

- **Verbos abundantes** são aqueles que apresentam **mais de uma forma** no particípio, de valor ou função equivalente.
- Em geral, a forma **regular** do particípio é empregada na voz ativa, com os verbos auxiliares *ter* e *haver*. Exemplos: Eu *tinha aceitado* o resultado; O juiz *havia suspendido* o jogo.
- A forma **irregular** é empregada, geralmente, na voz passiva, com os verbos auxiliares *ser* e *estar*. Exemplos: O resultado *foi aceito* pelo atleta; O jogo *estava suspenso* pelo juiz.
- Além dos verbos abundantes, há verbos que admitem apenas o particípio irregular. É o caso de *abrir* (aberto), *cobrir* (coberto), *dizer* (dito), *escrever* (escrito), *fazer* (feito), *pôr* (posto), *ver* (visto) e *vir* (vindo).

▶ Praticando

1. Leia os títulos de notícia a seguir e, depois, relacione-os às vozes verbais abaixo.

   I. Voz ativa
   II. Voz passiva analítica
   III. Voz passiva sintética ou pronominal
   IV. Voz reflexiva

   a) ( )
   > Novo livro da série "Extraordinário", de R. J. Palacio, será publicado no Brasil
   > Disponível em: <http://falandoliteraturas.blogspot.com.br/2017/02/novo-livro-da-serie-extraordinario-de.html>. Acesso em: 15 abr. 2019.

   b) ( )
   > Cientistas descobrem como o cérebro reconhece rostos em fotos
   > Disponível em: <http://www.correiobraziliense.com.br/app/noticia/ciencia-e-saude/2017/06/02/interna_ciencia_saude,599622/cientistas-descobrem-como-o-cerebro-reconhece-rostos-em-fotos.shtml>. Acesso em: 15 abr. 2019.

   c) ( )
   > Mais de 450 crianças se reuniram no domingo (04), em Caruaru, para uma cantata natalina
   > Disponível em: <http://g1.globo.com/pe/caruaru-regiao/abtv-1edicao/videos/t/edicoes/v/mais-de-450-criancas-se-reuniram-no-domingo-04-em-caruaru-para-uma-cantata-natalina/5493645/>. Acesso em: 15 abr. 2019.

   d) ( )
   > Mais de 300 inscreveram-se para a "Meia e Mini" maratonas
   > Disponível em: <http://www.dnoticias.pt/desporto/mais-de-300-inscreveram-se-para-a-meia-e-mini-maratonas-DX1473467>. Acesso em: 15 abr. 2019.

   e) ( )
   > Aceitam-se bichos
   > Disponível em: <https://noticias.uol.com.br/educacao/dicasport/ult2781u389.jhtm>. Acesso em: 15 abr. 2019.

   f) ( )
   > Jacarés são encontrados por moradores após forte chuva em Palmares
   > Disponível em: <http://g1.globo.com/pe/caruaru-regiao/noticia/jacares-sao-encontrados-por-moradores-apos-forte-chuva-em-palmares.ghtml>. Acesso em: 15 abr. 2019.

   g) ( )
   > Alugam-se apartamentos para estudantes
   > Disponível em: <https://www.folhadelondrina.com.br/imobiliaria-e-cia/alugam-se-apartamentos-para-estudantes-903731.html>. Acesso em: 15 abr. 2019.

   h) ( )
   > Manuscritos da Magna Carta serão reunidos na Inglaterra
   > Disponível em: <http://exame.abril.com.br/mundo/noticias/manuscritos-da-magna-carta-serao-reunidos-na-inglaterra>. Acesso em: 15 abr. 2019.

   i) ( )
   > "Vingadores: Ultimato" bate recorde de bilheteria em noite de estreia nos EUA e no Canadá
   > Disponível em: <https://www.terra.com.br/diversao/vingadores-ultimato-bate-recorde-de-bilheteria-em-noite-de-estreia-nos-eua-e-no-canada,954afe37099c7c8abc634ef975445586qa2i08q2.html>. Acesso em: 11 maio 2019.

2. Leia esta notícia e responda às questões.

> **O ancestral mais antigo do ser humano foi descoberto**
>
> Cientistas do Reino Unido, Alemanha e China acreditam ter encontrado o ancestral mais antigo do ser humano. Trata-se do Saccorhytus, um animal microscópico descrito em pesquisa publicada na revista científica *Nature* como a fase mais primitiva de evolução que teria levado aos peixes e, consequentemente, ao ser humano.
>
> Segundo os pesquisadores, o organismo teria vivido há 540 milhões de anos e é o representante mais antigo da categoria animal conhecida como deuterostômios. Estes são ancestrais comuns a várias espécies de animais, inclusive os vertebrados.
>
> Os fósseis do animal são descritos como "estranhamente bem preservados" e foram encontrados na província chinesa de Shaanxi. "A olho nu, os fósseis que estudamos possuíam pequenos pontos pretos, mas no microscópio o nível de detalhe se revelou surpreendente", disse Simon Conway Morris, da Universidade de Cambridge, no Reino Unido, à BBC.

O ancestral mais antigo do ser humano foi descoberto. Revista *Galileu*, 31 jan. 2017. Disponível em: <http://revistagalileu.globo.com/Ciencia/noticia/2017/01/o-ancestral-mais-antigo-do-ser-humano-foi-descoberto.html>. Acesso em: 15 abr. 2019.

- Releia o título da notícia.

> **O ancestral mais antigo do ser humano foi descoberto**

a) Qual é o sujeito dessa oração?

b) Nesse título, que termo da oração está em evidência?

c) Reescreva o título colocando em destaque a descoberta.

d) Em que voz verbal está o título da notícia?

e) Identifique na notícia outros exemplos dessa mesma voz verbal.

3. Agora, releia este trecho da notícia da atividade 2:

> [...] o nível de detalhe se revelou surpreendente.

a) Quem realiza a ação expressa pela forma verbal *revelou*?

b) E quem recebe a ação expressa pela forma verbal *revelou*?

c) Com base em suas respostas aos itens anteriores, como é classificada a voz verbal nesse trecho?

4. Leia a notícia a seguir e responda às questões.

> **Livro inédito do autor de "O Senhor dos Anéis" é publicado após 100 anos**
>
> Um novo livro do autor da trilogia "O Senhor dos Anéis", J. R. R. Tolkien, está à venda – cem anos depois de ter sido escrito.
>
> "Beren e Lúthien", ainda sem tradução para o português, tem sido descrito como uma "história muito pessoal" na qual o professor de Oxford pensou depois de retornar da Batalha do Somme, uma das mais sangrentas da Primeira Guerra Mundial.
>
> O livro foi editado por seu filho Christopher Tolkien e contém versões de um conto que se tornou parte de "O Silmarillion", coletânea de textos mitológicos publicada em 1977.
>
> A obra apresenta ilustrações de Alan Lee, que ganhou um Oscar por seu trabalho nos filmes da trilogia.
>
> "Beren e Lúthien" foi publicado nesta quinta-feira (1º). A história fala do destino dos amantes Beren e Lúthien, um homem mortal e uma elfa imortal que juntos tentam roubar o maior de todos os seres malignos: Melkor.

Livro inédito do autor de "O Senhor dos Anéis" é publicado após 100 anos. *Folha de S.Paulo*, 1º jun. 2017. Disponível em: <http://www1.folha.uol.com.br/ilustrada/2017/06/1889437-livro-inedito-do-autor-de-o-senhor-dos-aneis-e-publicado-apos-100-anos.shtml>. Acesso em: 15 abr. 2019.

a) Qual é a voz verbal empregada no título da notícia acima? Explique.

___

b) Releia o trecho a seguir.

> O livro foi editado por seu filho Christopher Tolkien [...]

• Quem é o sujeito dessa oração?

___

• Essa oração está em qual voz verbal?

___

• Assinale a seguir como a expressão "por seu filho Christopher Tolkien" é classificada sintaticamente.
( ) sujeito
( ) agente da passiva
( ) objeto indireto

c) Reescreva a oração do item *b*, de modo que o sujeito da oração seja "seu filho Christopher Tolkien".

___

d) Ao reescrever a oração, em que voz verbal ela ficou?

___

e) Identifique, no último parágrafo do texto acima, uma oração empregada na voz passiva analítica.

___

5. Leia com atenção o seguinte trecho de uma notícia.

Ebola foi descoberto na busca da vacina da pólio

Identificado em 1967, vírus foi tema de livros e filmes e inspirou medo em milhares de pessoas

Foi na busca por uma vacina contra a poliomielite que se tem notícia sobre os primeiros humanos vítimas do Ebola, vírus que recentemente fez mais de mil vítimas na África Ocidental, no pior surto já registrado na história. A contaminação se deu em 1967, após o contato com um grupo de "macacos verdes" trazidos de Uganda. Os órgãos dos macacos eram usados para a cultura de vírus e pesquisa de vacina.

Liz Batista. Ebola foi descoberto na busca da vacina da pólio. *O Estado de S. Paulo*, 16 ago. 2014. Disponível em: <http://acervo.estadao.com.br/noticias/acervo,ebola-foi-descoberto-na-busca-da-vacina-da-polio,10358,0.htm>. Acesso em: 15 abr. 2019.

a) Em relação ao título da notícia, julgue os itens.

Ebola foi descoberto na busca da vacina da pólio

I. A voz verbal utilizada é a voz passiva analítica.

II. Não há destaque no título para quem descobriu o Ebola.

III. A intenção do autor foi enfatizar quem recebeu a ação verbal.

IV. Se o autor quisesse destacar o termo "a busca da vacina da pólio", ele poderia ter escrito "A busca pela vacina da pólio propiciou a descoberta do Ebola".

V. Na voz ativa, a oração ficaria: "Descobriram o Ebola na busca da vacina da pólio", mas tal alteração não afetaria o sentido proposto pelo autor para o título da notícia.

- Estão corretas somente as afirmativas:

( ) I e II.   ( ) I, II, III e IV.   ( ) III, IV e V.

( ) II e IV.   ( ) III e V.

b) Assinale a alternativa que apresenta a voz verbal utilizada na oração a seguir.

Os órgãos dos macacos eram usados para a cultura de vírus e pesquisa de vacina.

( ) voz ativa   ( ) voz passiva analítica

( ) voz reflexiva   ( ) voz passiva sintética

6. Agora, veja uma oração extraída de um novo trecho da notícia reproduzida na página anterior e julgue os itens.

> Num período de 12 dias, sete dos 24 participantes infectados haviam morrido [...]

I. A voz verbal utilizada é a voz passiva.

II. O sujeito pratica ação do verbo *morrer*, o principal da oração.

III. O sujeito da oração corresponde ao trecho: "Num período de 12 dias, sete dos 24 pacientes infectados".

IV. A voz ativa pode ter formas verbais compostas com o emprego dos verbos auxiliares *ter* ou *haver*, como na oração em análise, na qual o verbo *haver* é auxiliar do verbo principal *morrer*.

V. Nem todas as construções ativas podem ser transformadas em passivas. Por apresentar um verbo intransitivo como verbo principal, a oração em questão, por exemplo, não pode ser transposta para a voz passiva.

- Estão corretas somente as afirmativas:
    a) ( ) I e II.
    b) ( ) II e IV.
    c) ( ) II, IV e V.
    d) ( ) III e V.
    e) ( ) III, IV e V.

7. Assinale a única oração, entre as seguintes opções, que apresenta voz reflexiva.

a) ( )
> Noivo em cadeira de rodas levanta-se para dançar

Disponível em: <https://www.msn.com/pt-pt/noticias/ultimas/noivo-em-cadeira-de-rodas-levanta-se-para-dan%C3%A7ar/vi-BBT6xa3>. Acesso em: 15 abr. 2019.

b) ( )
> Precisa-se de engenheiros espaciais

Disponível em: <http://portal-antigo.aeb.gov.br/precisa-se-de-engenheiros-espaciais-2>. Acesso em: 15 abr. 2019.

c) ( )
> No campo anuncia-se o silêncio

Disponível em: <http://opiniao.estadao.com.br/noticias/geral,no-campo-anuncia-se-o-silencio-imp-,1121319>. Acesso em: 15 abr. 2019.

d) ( )
> Recomenda-se a diminuição da ingestão de sal, produtos industrializados ricos em sódio, embutidos e doces.

Dr. Ricardo Pavanello. Informativo da Bayer HealthCare. Disponível em: <http://www.maxpressnet.com.br/Conteudo/1,749325,Mais_de_17_milhoes_de_mulheres_sao_vitimas_de_doencas_cardiovasculares_,749325,9.htm>. Acesso em: 15 abr. 2019.

e) ( )
> São Paulo terá guia para descolados e apaixonados por *games*, séries, HQs e tecnologia

Disponível em: <http://imprensa.spturis.com.br/releases/sao-paulo-tera-guia-para-descolados-e-apaixonados-por-games-series-hqs-e-tecnologia>. Acesso em: 15 abr. 2019.

8. Leia a tira abaixo.

José Aguiar. *Nada com coisa alguma.*

- Analise o período extraído da tira e responda às questões.

  > Agora que suas defesas foram arrasadas, ajoelhe-se, inteligência inferior.

  a) Esse período é composto por quantas orações? Explique como você chegou a essa conclusão e identifique cada uma delas.
  _____
  _____
  _____

  b) Na primeira oração, que termo aparece com mais evidência?
  _____

  c) A primeira oração apresenta que voz verbal?
  _____

  d) Reescreva a primeira oração alterando a voz verbal e colocando a expressão "suas defesas" como objeto da oração.
  _____
  _____

  e) Por que na oração "Agora que suas defesas foram arrasadas" o agente da ação não foi mencionado?
  _____
  _____
  _____

9. Agora, leia a oração a seguir.

   O menino ajoelhou-se diante do gato.

   a) Identifique a voz verbal empregada. Justifique sua resposta.
   _____
   _____
   _____

   b) Em *ajoelhou-se*, qual é a classificação sintática da palavra *se*?
   _____

10. Leia a oração abaixo e, depois, analise as afirmações a respeito dela.

> Três atletas da seleção da Grécia sofrem acidente de carro em Budapeste
>
> Disponível em: <https://www.terra.com.br/esportes/futebol/tres-atletas-da-selecao-da-grecia-sofrem-acidente-de-carro-em-budapeste,dd26c5e770b6c410VgnCLD200000b2bf46d0RCRD.html>. Acesso em: 15 abr. 2019.

I. A voz verbal utilizada é a voz ativa.
II. O verbo *sofrer* tem sentido passivo.
III. O sujeito da oração corresponde ao trecho "três atletas".
IV. O autor da oração quis destacar o sujeito da ação verbal.

- Estão corretas as afirmações:
    a) (   ) I e IV.
    b) (   ) II, III e IV.
    c) (   ) III e IV.
    d) (   ) I, II e IV.

11. Complete as frases a seguir empregando a forma adequada do particípio dos verbos entre parênteses.

a) A correspondência foi _____ antes do final do expediente. (entregar)

b) Quando cheguei em casa, notei que meus peixes haviam _____. (morrer)

c) O presidente da assembleia de moradores foi _____ por unanimidade. (eleger)

d) Luís já tinha _____ a cama quando seu pai o chamou para tomar café da manhã. (arrumar)

e) Comprovou-se que os empresários haviam se _____ no esquema de corrupção. (envolver)

f) Meu pai já tinha _____ toda a louça quando cheguei. (enxugar)

g) De acordo com a repórter, a eleição já está _____. (ganhar)

h) A conta do restaurante foi _____ com cartão de crédito. (pagar)

i) Meu jabuti estava _____ quando fui alimentá-lo. (morrer)

j) Eu tinha _____ o cabelo por causa do calor. (prender)

k) Toda a água da reserva foi _____ por imprudência. (gastar)

l) A casa está _____, apesar de bagunçada. (limpar)

m) O rapaz está _____ por desacato. (suspender)

12. Leia as orações abaixo.

I. Ao amanhecer, o casarão foi **aberto**.
II. O contrato foi **escrito** por uma ótima advogada.
III. O vale foi totalmente **coberto** pela neve.
IV. O trabalho foi **feito** por todos os estudantes.
V. O menino foi **visto** no pátio.

- Assinale a alternativa correta:
    a) (   ) Os particípios em destaque admitem apenas a forma regular.
    b) (   ) Os particípios em destaque admitem apenas a forma irregular.
    c) (   ) Os particípios em destaque admitem uma forma regular e outra irregular.
    d) (   ) Apenas os particípios em destaque nas orações II e IV admitem uma forma irregular e outra regular.

Aposto

- Chama-se **aposto** o elemento sintático responsável por introduzir uma especificação, explicação ou enumeração referente a um termo ou expressão da oração ou, ainda, por ampliar e acrescentar informações às palavras a que se refere.
- O aposto pode ser composto de uma palavra, expressão ou frase e aparecer antes ou depois do termo a que se refere.
- Há quatro tipos de aposto: aposto explicativo, aposto enumerativo, aposto especificativo e aposto resumidor ou recapitulativo.
  - **Aposto explicativo**: insere uma explicação, identifica um nome. Exemplo: Kátia, *minha prima*, veio me visitar.
  - **Aposto enumerativo**: insere uma enumeração, amplia um nome. Exemplo: Quero conhecer vários países da Ásia: *China*, *Japão*, *Rússia*, *Índia*, *Turquia*.
  - **Aposto especificativo**: insere uma especificação, individualiza um nome. Exemplo: O poeta *Carlos Drummond* nasceu em Minas Gerais.
  - **Aposto resumidor ou recapitulativo**: insere um resumo, recapitula os nomes anteriores. Exemplo: Poemas, contos, romances, crônicas, *tudo* é literatura.

Vocativo

- Quando queremos chamar, atrair a atenção, convocar ou evocar alguém, usamos o **vocativo**.
- O vocativo é o termo sintático que nomeia e convoca a pessoa ou a coisa a que nos dirigimos. Exemplo: *Carlos*, você pode passar em casa mais tarde?
- Trata-se de um termo da oração que não está subordinado sintaticamente a nenhum outro. Ele pode aparecer no início, no final ou no meio da frase, isolado por vírgula(s).
- O vocativo pode ser formado por expressões de diferentes classes gramaticais, como substantivos, pronomes + substantivos e adjetivos.
- Os vocativos também podem dar indícios da atitude do produtor do texto em relação ao interlocutor, demonstrando sentimentos, grau de intimidade e grau de formalidade.

A vírgula entre os termos da oração

- Os apostos enumerativos e os apostos explicativos vêm separados do restante da oração por sinais de pontuação, que podem ser vírgula(s), travessão(ões), parênteses ou dois-pontos.
- Em apostos recapitulativos, a vírgula separa a oração dos elementos que são recapitulados.
- Em apostos especificativos, não se utiliza sinal de pontuação para isolar o aposto na frase.
- O vocativo deve vir separado do restante da oração por vírgula(s), independentemente da posição em que aparece na frase. Quando ele está no início de uma comunicação escrita, também pode vir separado por dois-pontos.

▶ Praticando

1. Há quatro tipos de aposto: o enumerativo, o explicativo, o recapitulativo (ou resumidor) e o especificativo. Guiando-se por essas informações e também por seu estudo sobre o assunto, copie e classifique os apostos presentes nas frases a seguir.

   a) Desejo-te muitas coisas: amigos queridos por perto, saúde sempre, alegria todo dia, sabedoria, paciência e muito amor!

   b) Amigos queridos por perto, saúde sempre, alegria todo dia, sabedoria, paciência e muito amor... tudo isso é o que te desejo!

   c) Marvel Heroes 2015, *game on-line* e gratuito para PC, terá conteúdo inspirado no filme *Vingadores: Era de Ultron*.

   Disponível em: <http://www.techtudo.com.br/noticias/noticia/2015/04/marvel-heroes-2015-game-recebe-conteudo-de-vingadores-era-de-ultron.html>. Acesso em: 16 abr. 2019.

   d) A atriz Angelina Jolie fez uma cirurgia para retirar os ovários e as trompas de Falópio como uma medida preventiva contra o câncer.

   Disponível em: <http://www.bbc.com/portuguese/noticias/2015/03/150324_jolie_ovario_lab>. Acesso em: 16 abr. 2019.

   e) A rua 25 de Março – nascida da instalação, no local, de comerciantes de origem libanesa no final do século 19 – tornou-se ponto obrigatório para quem vem a São Paulo interessado em comprar sem gastar muito.

   Disponível em: <http://guia.folha.uol.com.br/passeios/2014/06/1469211-guia-selecionou-31-opcoes-imperdiveis-para-comecar-a-entender-sp.shtml>. Acesso em: 16 abr. 2019.

   f) Anderson Silva, o campeão de artes marciais mistas que adora imitar Michael Jackson, estreia nos videoclipes ao lado de um dos maiores nomes da música brasileira: Marisa Monte.

   Disponível em: <http://marisadeverdade.com.br/2011/09/25/anderson-silva-danca-marisa-monte-clipe-de-ainda-bem/>. Acesso em: 16 abr. 2019.

2. Leia a notícia a seguir sobre o escritor espanhol Miguel de Cervantes, autor da obra *Dom Quixote*.

> **Cervantes**
>
> *A misteriosa vida do mais ilustre escritor espanhol*
>
> Madri, 2015. Quase quatro séculos depois da morte do escritor Miguel de Cervantes, uma equipe formada por dezenas de profissionais – arqueólogos, antropólogos forenses, historiadores... – vasculha durante mais de um mês uma cripta que havia sido usada como depósito após o fim da Guerra Civil que assolou a Espanha na década de 1930. O objetivo é claro: encontrar os restos mortais do autor de *Dom Quixote*, um dos maiores clássicos da literatura mundial e fundador do romance moderno.
>
> Em um primeiro momento, acham ossadas de 57 mortos do século 18. Precisam ir mais fundo, eles têm motivos para desconfiar que está ali o que procuram. Perseveram até encontrar ossos de outras 17 pessoas, dentre as quais finalmente estão os vestígios ainda existentes de Miguel de Cervantes e Catalina Salazar, sua esposa. Ao menos é o que os especialistas garantem, baseados em indícios históricos e antropológicos – não é possível fazer qualquer teste que comprove se estão realmente certos. Cervantes nasceu em 1547 – deduz-se que tenha sido no dia 29 de setembro – e morreu no dia 22 de abril de 1616. Ou seja, seus outrora procurados restos mortais já se decompõem há 400 anos.

↑ Miguel de Cervantes (1547-1616).

Rodrigo Casarin. Cervantes. Revista *Aventuras na História*. Disponível em: <http://aventurasnahistoria.uol.com.br/noticias/personagem/cervantes.phtml#.WTRxg2jyuUk>. Acesso em: 3 jul. 2017.

a) No trecho "Quase quatro séculos depois da morte do escritor Miguel de Cervantes, uma equipe formada por dezenas de profissionais – arqueólogos, antropólogos forenses, historiadores...", foram empregados dois tipos de apostos. Identifique-os e classifique-os.

_____
_____
_____

b) Agora, transcreva os apostos dos períodos a seguir e classifique-os, explicando de que forma cada um se relaciona com a informação que o antecede.

   I. "O objetivo é claro: encontrar os restos mortais do autor de *Dom Quixote*, um dos maiores clássicos da literatura mundial e fundador do romance moderno."

   II. "Perseveram até encontrar ossos de outras 17 pessoas, dentre as quais finalmente estão os vestígios ainda existentes de Miguel de Cervantes e Catalina Salazar, sua esposa."

_____
_____
_____
_____

3. Leia o texto de apresentação do livro *Vozes de Tchernóbil*, da escritora bielorrussa Svetlana Aleksiévitch. Depois, analise o emprego dos apostos, julgando os itens elencados após o texto.

> Em 26 de abril de 1986, uma explosão seguida de incêndio na usina nuclear de Tchernóbil, na Ucrânia – então parte da finada União Soviética –, provocou uma catástrofe sem precedentes em toda a era nuclear: uma quantidade imensa de partículas radioativas foi lançada na atmosfera da URSS e em boa parte da Europa. Em poucos dias, a cidade de Prípiat, fundada em 1970, teve que ser evacuada. Pessoas, animais e plantas, expostos à radiação liberada pelo vazamento da usina, padeceram imediatamente ou nas semanas seguintes. Tão grave quanto o acontecimento foi a postura dos governantes e gestores soviéticos (que nem desconfiavam estar às vésperas da queda do regime, ocorrida poucos anos depois). Esquivavam-se da verdade e expunham trabalhadores, cientistas e soldados à morte durante os serviços de reparo na usina. Pessoas comuns, que mantinham a fé no grande império comunista, recebiam poucas informações, numa luta inglória, em que pás eram usadas para combater o átomo. A morte chegava em poucos dias. Com sorte, podia-se ser sepultado como um patriota em jazigos lacrados.
>
> É por meio das múltiplas vozes – de viúvas, trabalhadores afetados, cientistas ainda debilitados pela experiência, soldados, gente do povo – que Svetlana Aleksiévitch constrói esse livro arrebatador, a um só tempo, relato e testemunho de uma tragédia quase indizível. Cenas terríveis, acontecimentos dramáticos, episódios patéticos, tudo na história de Tchernóbil aparece com a força das melhores reportagens jornalísticas e a potência dos maiores romances literários. Eis uma obra-prima do nosso tempo.

↑ Prípiat, na Ucrânia, onde ocorreu um dos maiores acidentes nucleares da história. Após esse episódio, a cidade ficou completamente abandonada.

Disponível em: <https://www.companhiadasletras.com.br/detalhe.php?codigo=14085>. Acesso em: 16 abr. 2019.

I. No primeiro parágrafo, o trecho "então parte da finada União Soviética" é um aposto explicativo, que esclarece ao leitor o que é o país Ucrânia, por isso essa informação aparece isolada por meio do emprego do travessão.

II. No primeiro parágrafo, o trecho "então parte da finada União Soviética" é um aposto especificativo, pois especifica que país é a Ucrânia.

III. No segundo parágrafo, o trecho "de viúvas, trabalhadores afetados, cientistas ainda debilitados pela experiência, soldados, gente do povo" é um aposto enumerativo, pois insere uma enumeração, amplia um nome; no caso, "múltiplas vozes".

IV. No segundo parágrafo, o trecho "de viúvas, trabalhadores afetados, cientistas ainda debilitados pela experiência, soldados, gente do povo" é um aposto especificativo, pois está indicando cada uma das "múltiplas vozes".

V. No trecho lido, há apenas um aposto: "então parte da finada União Soviética".

- Estão corretas somente as afirmativas:
  a) ( ) I e III.
  b) ( ) III e IV.
  c) ( ) I, II e V.
  d) ( ) IV e V.
  e) ( ) II, III e IV.

4. Leia a tira a seguir.

Bill Watterson. *Calvin e Haroldo*: e foi assim que tudo começou. 2. ed. São Paulo: Conrad, 2010. p. 47.

a) No primeiro quadrinho, a quem Calvin se dirige?

b) Que palavra empregada comprova isso?

c) Como essa palavra é classificada sintaticamente?

d) Identifique na tira outra palavra empregada com a mesma função.

e) Quem emprega essa palavra e a quem se dirige?

5. Em geral, usamos o vocativo quando queremos chamar, atrair a atenção, convocar ou evocar alguém. Pensando nisso, analise as orações abaixo, extraídas da obra *Fogo morto*, de José Lins do Rego, e assinale a única oração que não apresenta vocativo.

a) ( ) "— Tu ainda pergunta, homem de Deus? Tu não gritaste para ela sem precisão?"
b) ( ) "— Mestre Zé, a coisa no Pilar está pegando fogo."
c) ( ) "— Muito bom dia, meu compadre."
d) ( ) "— Compadre foi muito ferido?"
e) ( ) "— Zeca, vem comer."

Disponível em: <http://dynamicon.com.br/wp-content/uploads/2017/02/Fogo-Morto-de-Jos%C3%A9-Lins-do-Rego.pdf>.
Acesso em: 16 abr. 2019.

6. Observe estas construções.

  I. Meu primo mais novo, **Gabriel**, nasceu ontem.
  II. Nasceu ontem meu primo mais novo: **Gabriel**.
  III. Meu primo mais novo nasceu ontem, **Gabriel**.
  IV. **Gabriel**, ontem meu primo mais novo nasceu.

• Em quais das afirmações acima o nome em destaque funciona somente como aposto e em quais delas corresponde a um vocativo?

7. Leia os dois textos a seguir. O primeiro é um excerto do poema "Lisbon revisited", de Fernando Pessoa; o segundo é o poema "Caixa de ferramentas", de Augusto Massi. Depois, julgue os itens que seguem.

Lisbon revisited

Não: não quero nada
Já disse que não quero nada.

Não me venham com conclusões!
A única conclusão é morrer.

Não me tragam estéticas!
Não me falem em moral!
Tirem-me daqui a metafísica!

Não me apregoem sistemas completos,
        [não me enfileirem conquistas
Das ciências (das ciências, Deus meu,
        [das ciências!) —
Das ciências, das artes, da civilização moderna!

Que mal fiz eu aos deuses todos?
Se têm a verdade, guardem-na!
Sou um técnico, mas tenho técnica só
        [dentro da técnica.

Fora disso sou doido, com todo o direito a sê-lo.
Com todo o direito a sê-lo, ouviram?
Não me macem, por amor de Deus!
Queriam-me casado, fútil, quotidiano
        [e tributável?
[...]

Fernando Pessoa. *Poesias*. Porto Alegre: L&PM, 1996. p. 61.

Caixa de ferramentas

Exploro a carga de crueldade
e ternura que cada uma delas
carrega e concentra.
Eis minhas ferramentas:

os diários de Kafka,
os desenhos de Klee,
a sagrada leica de Kertész,
os *cahiers* de Valéry,

a visada irônica de Svevo,
as elipses de Erice,
as hipóteses de Murilo,
revelações de Rossellini,

a potência de Picasso,
minérios rancorosos de Drummond,
o *Más allá* de Jorge Guillén,
os territórios de Antonioni,

as lições da pedra cabralina,
o *no estar del todo* de Cortázar
as ideias de ordem de Stevens
e o alicate da atenção.

Augusto Massi. *Negativo*: 1982/1990.
São Paulo: Companhia das Letras, 1991.

I. O poema "Caixa de ferramentas" é o único que apresenta um aposto enumerativo.

II. No poema "Lisbon revisited", o trecho "não quero nada" enumera e amplia o sentido do termo *não*. Para isso, foram empregados os dois-pontos para introduzir o aposto.

III. No poema "Caixa de ferramentas", o aposto não é introduzido por dois-pontos, mas cada um de seus elementos é isolado por vírgulas.

- Está(ão) correta(s) somente a(s) afirmativa(s):
    a) ( ) I e III.
    b) ( ) II e III.
    c) ( ) I, II e III.
    d) ( ) I e II.
    e) ( ) I.

Conjunção

- As **conjunções**, também chamadas de **conectivos**, têm o objetivo de **conectar orações** ou **termos** semelhantes da mesma oração.
- Quando uma expressão (formada por mais de uma palavra) desempenha a função de uma conjunção, ela é chamada de **locução conjuntiva**.
- Além de conectar orações, as conjunções estabelecem uma **relação de sentido** entre elas.
- Para saber o sentido expresso por uma conjunção, é importante analisar o contexto em que ela é empregada.
- As conjunções são palavras invariáveis e podem ser classificadas em **coordenativas** e **subordinativas**.
  - Quando uma conjunção relaciona termos em uma mesma oração ou relaciona orações independentes, é chamada de **conjunção coordenativa**. Esse tipo de conjunção pode ter valor adversativo (de oposição), aditivo, conclusivo, explicativo ou alternativo.
  - As conjunções subordinativas conectam duas orações: uma **principal** e sua **subordinada**. Entre a oração principal e a subordinada, há uma relação de dependência sintática: a subordinada completa o sentido da principal. As conjunções que unem essas orações podem ser classificadas como **conjunção subordinativa integrante** (*se* ou *que*) ou **conjunção subordinativa adverbial**. Esta última pode estabelecer relação de causa, concessão, conformidade, condição, consequência, comparação, finalidade, tempo ou proporção.

Período simples e período composto

- No **período simples**, há apenas uma oração, a qual se constrói em torno de um único verbo ou locução verbal. Por exemplo, nas orações "Ele *chegou* cedo" e "Ele *precisa chegar* cedo", há, respectivamente, um verbo e uma locução verbal, e ambas são períodos simples.
- O **período composto** é formado por duas ou mais orações, construídas em torno de dois ou mais verbos ou locuções verbais. Dessa forma, o número de verbos (ou de locuções verbais) corresponde ao número exato de orações.
- O período composto pode ser classificado em período composto por coordenação ou período composto por subordinação.
  - O **período composto por coordenação** é estruturado por orações coordenadas, ou seja, orações independentes sintaticamente, mas que estabelecem, entre si, uma relação de sentido.
  - O **período composto por subordinação** é constituído por orações que não possuem sentido sozinhas e são sintaticamente dependentes.

Por que, porque, por quê e porquê

- *Por que* é a junção da preposição *por* e do pronome interrogativo *que*. O sentido atribuído à expressão é o mesmo que "por que motivo", "por qual razão". Pode também ser a junção da preposição *por* e do pronome relativo *que*, tendo o mesmo sentido de *pelo qual*. Ex.: *Por que* você chegou tarde?; O motivo *por que* não vim é que estava doente.

- ***Porque*** é uma conjunção empregada para conectar orações, estabelecendo entre elas relação de causa (sentido de *já que*), explicação (sentido de *pois*) ou finalidade (sentido de *para que*). Ex.: Fui embora *porque* (= *pois*) estava cansado.
- ***Por quê*** é a junção da preposição *por* e do pronome interrogativo *que*, usada apenas em final de frases ou antes de outra pausa sintática marcada, em que é pronunciada com mais intensidade (pois, nesse caso, o pronome interrogativo é tônico). Ex.: Acordei indisposto, não sei *por quê*.
- ***Porquê*** é um substantivo e, por isso, é empregado depois de artigos, pronomes adjetivos e numerais. Ex.: Quero saber o *porquê* de você ter faltado à reunião.

Praticando

1. Leia fragmentos do poema "Minha terra", do escritor Casimiro de Abreu, e responda às questões a seguir.

> **Minha terra**
>
> Todos cantam sua terra,
> Também vou cantar a minha,
> Nas débeis cordas da Lira
> Hei de fazê-la rainha;
> — Hei de dar-lhe a realeza
> Nesse trono de beleza
> Em que a mão da natureza
> Esmerou-se em quanto tinha.
> [...]
> Quando nasci, esse brado
> Já não soava na serra
> Nem os ecos da montanha
> Ao longe diziam — guerra!
> Mas não sei o que sentia
> Quando, a sós, eu repetia
> Cheio de nobre ousadia
> O nome da minha terra!
>
> Se brasileiro eu nasci
> Brasileiro hei de morrer,
> Que um filho daquelas matas
> Ama o céu que o viu nascer;
> Chora, sim, porque tem prantos,
> E são sentidos e santos
> Se chora pelos encantos
> Que nunca mais há de ver.
> [...]
> Tem tantas belezas, tantas,
> A minha terra natal,
> Que nem as sonha um poeta
> E nem as canta um mortal! —
> É uma terra de amores
> Alcatifada de flores
> Onde a brisa em seus rumores
> Murmura: — não tem rival!

Casimiro de Abreu. Minha terra. Em: *As primaveras*. São Paulo: Martins Fontes, 2002. p. 19-23.

a) No período "Quando nasci, esse brado/ Já não soava na serra", que circunstância a conjunção *quando* expressa?

b) Em "Quando nasci, esse brado/ Já não soava na serra/ Nem os ecos da montanha/ Ao longe diziam — guerra!", qual é a relação de sentido estabelecida pela conjunção *nem*?

c) No verso "Chora, sim, porque tem prantos", a conjunção *porque* inicia uma oração e indica que tipo de valor semântico?

2. Leia o artigo de opinião que segue e, depois, responda às questões.

Trote universitário

Todos os anos, em razão da tradição entre alunos dos cursos superiores no Brasil, no início das atividades acadêmicas, tem lugar a liturgia universitária para receber e dar as boas-vindas aos novos colegas, chamados de calouros. O que era para ser uma reunião de confraternização, em algumas universidades, entretanto, passa a ser um palco de diversões em que os alunos veteranos constrangem moral e até mesmo fisicamente os novatos, instalando-os numa verdadeira antecâmara de horrores. Sem falar ainda dos casos em que ocorre morte. Trata-se de um comportamento totalmente reprovável, uma vez que participam somente alunos universitários, muitos deles nos últimos anos da graduação, os quais deveriam fazer prevalecer o equilíbrio, o bom senso e o comedimento na comemoração, buscando um encontro sadio, sem violência. A tradição, no caso específico, não tem o condão de eximir os responsáveis pelo cometimento de ilícitos penais. É totalmente inconcebível o estudante ingressar em uma universidade, onde despejou a concretização de seus sonhos para atingir sua realização profissional, e ser recebido com desprestígio e, acima de tudo, com violência. O estudante veterano estaria sendo o algoz, o exemplo típico do concubinato entre a sociedade civilizada e a criminalidade, criando, desta forma, um território novo entre a civilização e a barbárie, no centro em que se busca o conhecimento. A universidade, como o próprio nome revela, é união, conjunto, participação, envolvendo professores, alunos e comunidade, compartilhando e disseminando sabedoria. Retirar a violência das ruas e implantá-la na casa de ensino superior é favorecer, de forma considerável, a escalada que alimenta a demolição dos valores. É desolador ver o estudante agredindo o próprio estudante, hoje seu colega de universidade e amanhã no convívio profissional.

É de se observar que, geralmente, os delitos praticados contra os novatos são de lesão corporal leve e ameaça, sem excluir muitos outros graves e gravíssimos. Mas, no caso da lesão corporal leve, por força do disposto na Lei 9099/95, a perquirição do ilícito dependerá de representação do ofendido, no prazo decadencial de seis meses, a partir da data em que se tomar conhecimento da autoria. A representação nada mais é do que a autorização que se confere ao delegado de polícia para instaurar o procedimento policial. A pergunta que se faz: será que o aluno agredido irá representar contra os seus agressores, com os quais conviverá durante vários anos letivos? O crime de ameaça, da mesma forma, depende de representação, ficando a critério do ofendido a análise da conveniência da medida. Assim, com a mesma cautela e temor referente ao outro delito, não ofertará a condição de procedibilidade. Neste silêncio consentido, os veteranos continuam a exibir o manto da impunidade e, de certa forma, permanecem autorizados a agir no próximo ano e, quem sabe, contando com a participação do aluno que foi vítima no ano anterior. Forma-se um ciclo inquebrantável onde a lei passa ao largo. A não ser quando ocorre evento morte. Mesmo assim, abre-se outra barreira, que é a identificação da autoria. Já que o universitário representa a vida cultural do país e será o seu espelho no futuro, por pertencer a uma casta privilegiada, deve servir de exemplo e referência para o novato, extirpando definitivamente a modalidade violenta de boas-vindas.

Eudes Quintino de Oliveira Júnior. Trote universitário. *Diário da Região*, São José do Rio Preto, 12 abr. 2014. Disponível em: <http://www.diariodaregiao.com.br/blogs/artigos/trote-universit%C3%A1rio-1.81393>. Acesso em: 24 abr. 2019.

---

algoz: carrasco.

condão: dom, faculdade; poder.

condição de procedibilidade: condição necessária para o início do processo.

decadencial: relativo à perda do direito, em consequência de finalização do termo legal a que se subordinava.

perquirição: busca; investigação.

a) Leia este trecho, extraído do artigo de opinião, e avalie os itens que seguem.

> Todos os anos, em razão da tradição entre alunos dos cursos superiores no Brasil, no início das atividades acadêmicas, tem lugar a liturgia universitária para receber e dar as boas-vindas aos novos colegas, chamados de calouros.

   I. Há duas orações nesse trecho.
   II. A locução "em razão de" equivale à locução "por causa de".
   III. O conectivo *e* indica uma relação de adição.
   IV. A oração "e dar as boas-vindas aos novos colegas" pode ser considerada uma oração coordenada.

   • Estão corretas apenas as afirmativas:
   (   ) I, II e III.
   (   ) II, III e IV.
   (   ) I, II e IV.
   (   ) I, II, III e IV.

b) Ao mesmo tempo que conectam orações, as conjunções também indicam o tipo de relação que se estabelece entre elas. Veja o período abaixo.

> O que era para ser uma reunião de confraternização, em algumas universidades, **entretanto**, passa a ser um palco de diversões em que os alunos veteranos constrangem moral e até mesmo fisicamente os novatos, instalando-os numa verdadeira antecâmara de horrores.

   • Qual o tipo de relação estabelecida pela conjunção em destaque?
   _____

c) Releia agora o trecho abaixo.

> Trata-se de um comportamento totalmente reprovável, **uma vez que** participam somente alunos universitários, muitos deles nos últimos anos da graduação [...].

   • Nesse trecho, a locução conjuntiva em destaque indica:
   (   ) causa.
   (   ) tempo.
   (   ) condição.
   (   ) finalidade.
   (   ) consequência.

d) Por meio das conjunções, pode-se confirmar uma ideia, redirecioná-la, explicá-la ou apontar outra possibilidade. Observe o período a seguir.

> A universidade, **como** o próprio nome revela, é união, conjunto, participação, envolvendo professores, alunos e comunidade, compartilhando e disseminando sabedoria.

   • Nesse período, a conjunção *como* introduz:
   (   ) a explicação de uma ideia.
   (   ) a causa de uma ideia.
   (   ) a confirmação de uma ideia.
   (   ) o redirecionamento de uma ideia.
   (   ) a comparação com uma outra ideia.

e) O trecho "Neste silêncio consentido, os veteranos continuam a exibir o manto da impunidade e, de certa forma, permanecem autorizados a agir no próximo ano [...]" poderia manter sua relação de sentido e obter maior valor enfático se fosse reescrito com o uso de:

( ) *ou*: Neste silêncio consentido, os veteranos continuam a exibir o manto da impunidade ou, de certa forma, permanecem autorizados a agir no próximo ano.

( ) *porque*: Neste silêncio consentido, os veteranos continuam a exibir o manto da impunidade, porque, de certa forma, permanecem autorizados a agir no próximo ano.

( ) *portanto*: Neste silêncio consentido, os veteranos continuam a exibir o manto da impunidade, portanto, de certa forma, permanecem autorizados a agir no próximo ano.

( ) *contudo*: Neste silêncio consentido, os veteranos continuam a exibir o manto da impunidade, contudo, de certa forma, permanecem autorizados a agir no próximo ano.

( ) *não só/mas também*: Neste silêncio consentido, os veteranos continuam não só a exibir o manto da impunidade, mas também, de certa forma, permanecem autorizados a agir no próximo ano.

f) Analise o período abaixo e responda às questões.

> **Já que** o universitário representa a vida cultural do país e será o seu espelho no futuro, por pertencer a uma casta privilegiada, deve servir de exemplo e referência para o novato, extirpando definitivamente a modalidade violenta de boas-vindas.

- Quantas orações formam esse período? Como você as identificou?
_____
_____

- Como a locução *já que* é classificada?
    ( ) Locução conjuntiva subordinativa.
    ( ) Locução conjuntiva coordenativa.

3. Leia as frases a seguir.

    I. **Mesmo que** os atores tenham se encontrado para dialogar, a decisão final foi tomada pela direção do espetáculo.
    II. Sou formada em Direito, **mas** não exerço a profissão.
    III. **Se** a chuva aumentar, terei que voltar para casa.
    IV. **Embora** a aluna tenha terminado a prova, a professora não autorizou sua saída da sala.

- Assinale a alternativa correta.
    a) ( ) O sentido expresso pelas conjunções das frases I, II e IV é de justificativa.
    b) ( ) O sentido expresso pelas conjunções das frases III e IV é de ressalva.
    c) ( ) O sentido expresso pelas conjunções das frases I e IV é de concessão.
    d) ( ) O sentido expresso pelas conjunções de todas as frases é de condição.
    e) ( ) O sentido expresso pelas conjunções de todas as frases é de comparação.

4. Leia o trecho de uma notícia sobre um dos mais importantes cineastas poloneses.

> **O legado humanista do polonês Andrzej Wajda**
>
> Andrzej Wajda, morto na semana passada aos 90 anos, não foi só o maior e o mais prolífico cineasta polonês, foi também o mais reverenciado. Em Varsóvia, onde ele viveu por décadas, seus fãs têm compartilhado listas de lugares da cidade a ele associados e acendido velas em sua memória. As redes sociais polonesas explodiram em manifestações de pesar pelo "pai" do cinema nacional.
>
> "Minhas aventuras com a história" foi o título que Wajda deu a seu discurso ao receber o título de doutor "honoris causa" da Universidade Americana, em Washington, em 1981. As adversidades da história da Polônia fizeram dele o tão necessário porta-voz dos sofrimentos da sua nação durante a guerra e da opressão sofrida durante o regime comunista.
>
> Por essa razão, a Mostra de São Paulo decidiu homenageá-lo. A ele será concedido postumamente o Prêmio Humanidade, reservado a cineastas cujo trabalho contempla temas políticos e sociais.
>
> O festival também abrigará uma retrospectiva com 17 títulos rodados pelo diretor, que, ao longo de 66 anos, assinou mais de 35 longas-metragens – labor que lhe rendeu uma Palma de Ouro em Cannes e prêmios pelo conjunto da obra em Veneza e Berlim, além de um Oscar.
>
> Nascido em 1926, ele tinha 13 anos quando a guerra eclodiu. Jovem demais para se alistar, trabalhou como mensageiro para o Exército Voluntário. Seu pai, um oficial, foi preso pelos soviéticos e morto no massacre de Katyn, um dos mais bem guardados segredos do conflito. Só em 1989 se soube que o genocídio havia sido cometido pelos soviéticos, e não pelos alemães.

↑ Cineasta polonês Andrzej Wajda (1926-2016).

Ela Bittencourt. O legado humanista do polonês Andrzej Wajda. *Folha de S.Paulo*, 16 out. 2016. Disponível em: <http://www1.folha.uol.com.br/ilustrissima/2016/10/1822784-o-legado-humanista-do-polones-andrzej-wajda.shtml>. Acesso em: 26 abr. 2019.

• Observe os períodos, extraídos do texto, e classifique-os em período simples (**PS**) ou período composto (**PC**).

a) (   ) "Em Varsóvia, onde ele viveu por décadas, seus fãs têm compartilhado listas de lugares da cidade a ele associados e acendido velas em sua memória."

b) (   ) "As adversidades da história da Polônia fizeram dele o tão necessário porta-voz dos sofrimentos da sua nação durante a guerra e da opressão sofrida durante o regime comunista."

c) (   ) "Nascido em 1926, ele tinha 13 anos quando a guerra eclodiu."

d) (   ) "Jovem demais para se alistar, trabalhou como mensageiro para o Exército Voluntário."

e) (   ) "As redes sociais polonesas explodiram em manifestações de pesar pelo 'pai' do cinema nacional."

f) (   ) "A ele será concedido postumamente o Prêmio Humanidade, reservado a cineastas cujo trabalho contempla temas políticos e sociais."

5. Observe as explicações para o uso dos diferentes porquês e, na sequência, relacione-as ao emprego nos trechos apresentados.

I. É um substantivo e aparece depois de artigo definido.
II. É a junção da preposição *por* e do pronome interrogativo *que*.
III. É a junção da preposição *por* e do pronome interrogativo *que*. Aparece sempre no final de frases.
IV. É uma conjunção empregada para conectar orações, estabelecendo entre elas relação de causa ou explicação.

a) ( )
O **porquê** das eleições diretas já

Brasil de Fato, 1º jun. 2017. Disponível em: <https://www.brasildefato.com.br/2017/06/01/o-porque-das-eleicoes-diretas-ja/>. Acesso em: 26 abr. 2019.

b) ( )
Por que a crise no Golfo Pérsico é importante para o mundo

Via Rondônia, 5 jun. 2017. Disponível em: <https://viarondonia.com/05/06/2017/por-que-a-crise-no-golfo-persico-e-importante-para-o-mundo-mundo/>. Acesso em: 26 abr. 2019.

c) ( )
CEO da Netflix quer cancelar mais séries no futuro – e explica o **porquê**

Tecmundo, 2 jun. 2017. Disponível em: <https://www.tecmundo.com.br/netflix/117331-ceo-netflix-quer-series-canceladas-futuro-explica.htm>. Acesso em: 26 abr. 2019.

d) ( )
São Paulo luta há 20 anos contra a cracolândia, sem vencer; **por quê**?

UOL Notícias, 5 jun. 2017. Disponível em: <https://noticias.uol.com.br/cotidiano/ultimas-noticias/2017/06/05/sao-paulo-luta-ha-20-anos-contra-a-cracolandia-sem-vencer-por-que.htm>. Acesso em: 26 abr. 2019.

e) ( )
Griezmann: "Decidi ficar **porque** é um momento difícil para o Atlético"

Goal, 5 jun. 2017. Disponível em: <http://www.goal.com/br/news/3357/espanha/2017/06/05/36100842/griezmann-decidi-ficar-porque-%C3%A9-um-momento-dif%C3%ADcil-para-o>. Acesso em: 26 abr. 2019.

f) ( )
Rubens: **Por que** é obrigatório visitar mostra sobre Schwanke em Joinville

A Notícia, 5 jun. 2017. Disponível em: <http://anoticia.clicrbs.com.br/sc/cultura-e-variedades/noticia/2017/06/rubens-por-que-e-obrigatorio-visitar-mostra-sobre-schwanke-em-joinville-9807962.html>. Acesso em: 26 abr. 2019.

g) ( ) Chegamos atrasadas ontem **porque** o carro quebrou.

h) ( ) **Por que** você não veio à escola ontem?

i) ( )
Dia do Orgulho Nerd: entenda o **porquê** de ser chamado também como o Dia da Toalha

Diário Catarinense, 25 maio 2017. Disponível em: <http://dc.clicrbs.com.br/sc/colunistas/cacau-menezes/noticia/2017/05/dia-do-orgulho-nerd-entenda-o-porque-de-ser-chamado-tambem-como-o-dia-da-toalha-9799709.html>. Acesso em: 26 abr. 2019.

j) ( )
O "pai" das abelhas: "Elas me seguem e não sei **por quê**"

UOL Notícias, 22 fev. 2019. Disponível em: <https://noticias.uol.com.br/ultimas-noticias/bbc/2019/02/22/o-pai-das-abelhas-elas-me-seguem-e-nao-sei-por-que.htm>. Acesso em: 26 abr. 2019.

6. Leia a tira a seguir e observe o emprego de *por que* e *porque*.

Bill Watterson. *Criaturas bizarras de outro planeta!*: as aventuras de Calvin e Haroldo. 2. ed. São Paulo: Conrad, 2011. p. 25.

a) Na tira, Calvin faz alguns questionamentos a seu pai. Que questionamentos são esses e que expressão Calvin emprega para introduzi-los?

_____

_____

b) No segundo quadrinho, que palavra o pai de Calvin emprega para introduzir sua resposta ao filho?

_____

c) Agora, relacione o emprego das palavras em destaque nas frases a seguir às suas respectivas explicações.

   I. "**Por que** o sol se põe?"
   II. "**Porque** o ar quente sobe. O sol fica quente no meio do dia, então ele vai lá para o alto do céu."

   ( ) É uma conjunção empregada em respostas ou para conectar orações, estabelecendo entre elas relação de causa, explicação ou finalidade.
   ( ) É a junção da preposição *por* e do pronome interrogativo *que*. Essa expressão é usada para formular perguntas e tem o sentido de "por que motivo".

d) Por que a mãe de Calvin chama o marido no último quadrinho?

_____

_____

7. Preencha o quadro criando frases com *por que*, *porque*, *por quê* e *porquê*.

Porquê	
Porque	
Por que	
Por quê	

Orações coordenadas

Orações coordenadas assindéticas e sindéticas

- As **orações coordenadas assindéticas** são orações coordenadas que não apresentam conjunção, mas são delimitadas pela pontuação.
- As orações **coordenadas sindéticas** são orações coordenadas que se conectam por meio de conjunções.

Orações coordenadas sindéticas adversativas, aditivas, alternativas, explicativas e conclusivas

- As **orações coordenadas sindéticas adversativas** quebram a expectativa criada pela oração principal, estabelecendo uma relação de oposição. Exemplos de conjunções coordenativas adversativas: *mas*, *contudo*, *porém*, *entretanto*, *todavia*, *no entanto*.
- As **orações coordenadas sindéticas aditivas** exprimem uma relação de adição, soma. Exemplos de conjunções coordenativas aditivas: *e*, *nem*, *não só... mas também*.
- As **orações coordenadas sindéticas alternativas** exprimem ideia de alternância, opção ou exclusão. Exemplos de conjunções coordenativas alternativas: *ou*, *ou... ou*, *ora... ora*.
- As **orações coordenadas sindéticas explicativas** exprimem uma explicação, uma justificativa para o que se declara na outra oração. Essas orações são introduzidas por conjunções coordenativas explicativas como: *pois*, *que*, *porque*, *porquanto*.
- As **orações coordenadas sindéticas conclusivas** exprimem sentido de conclusão ou consequência em relação à ideia presente na oração anterior. Essas orações são introduzidas por conjunções coordenativas conclusivas como: *portanto*, *por isso*, *logo*, *por conseguinte*, *então*.
- A conjunção *pois* também pode ser conclusiva. Nesse caso, ela aparece após o verbo. Exemplo: Ela estudou bastante; passou, *pois*, no vestibular.

Usos do hífen

- Casos em que se emprega o **hífen**:
  - para conectar substantivos compostos e adjetivos compostos em que se mantém a ideia de composição;
  - nas formações de palavras com os prefixos *circum-* e *pan-*, apenas quando o segundo elemento começa com **vogal** ou com as letras *m* ou *n*.
  - em palavras compostas em que o segundo elemento é iniciado com a letra *h*;
  - nas formações de palavras em que o prefixo termina com a mesma vogal que inicia o segundo elemento;
  - nas formações de palavras com os prefixos tônicos *pós*, *pré* e *pró*;
  - nas formações de palavras com os prefixos *hiper-*, *inter-* e *super-*, quando seguidos de elementos iniciados pelas letras *r* ou *h*.

- Casos em que **não** se emprega o **hífen**:
  - nas formações de palavras com os prefixos *co-* e *re-*;
  - nas formações de palavras em que o prefixo termina em **vogal** e o segundo elemento começa com as letras *r* ou *s*. Nessas situações, a consoante deve ser duplicada;
  - nas formações de palavras em que o prefixo termina em **vogal** e o segundo elemento começa com uma **vogal diferente**.

▶ Praticando

1. Leia esta notícia sobre o lançamento de um filme.

   Mulher-Maravilha, heroína criada em 1941, estreia seu primeiro longa

   A Mulher-Maravilha ergue os ombros, corrige a postura, contempla a paisagem devastada pela guerra e sai correndo, escudo erguido contra a torrente de balas disparadas pelas metralhadoras alemãs.

   "Sim! Vai, garota!", grita Patty Jenkins, diretora do "Mulher-Maravilha", para a atriz israelense Gal Gadot, 32, em Leavesden, na Inglaterra.

   A temperatura estava pouco acima do zero, e Gadot, usando o uniforme de bustiê de couro, saia sumária e botas à altura dos joelhos acabava de contemplar a enésima tomada de sua heroica corrida pelo terreno enlameado.

   O filme, que estreia nesta quinta (1º), será a primeira produção sobre super-heróis com uma mulher no papel-título em mais de uma década, e é a primeira produção desse tipo dirigida por uma mulher.

   Também será a primeira vez que a personagem, surgida em 1941, no universo DC Comics, estrela um longa. [...]

   Roslyn Sulcas. Mulher-Maravilha, heroína criada em 1941, estreia seu primeiro longa. *Folha de S.Paulo*, 31 maio 2017. Disponível em: <http://www1.folha.uol.com.br/ilustrada/2017/05/1888695-mulher-maravilha-chega-ao-cinema-interpretada-pela-israelense-gal-gadot.shtml>. Acesso em: 29 abr. 2019.

   a) Observe o trecho em destaque no texto. Quantas orações há nele? Explique como você as identificou.

   _____
   _____
   _____

   b) Classifique cada uma das orações do trecho em destaque.

   _____
   _____
   _____
   _____

   c) Que efeito de sentido essa sequência de orações causa no texto?

   _____
   _____
   _____

2. Leia a tira a seguir e responda às questões.

Charles Schulz. *Ninguém mais tem o espírito aventureiro*. Porto Alegre: L&PM, 2014. p. 24.

a) Observe este trecho do primeiro quadrinho.

> Venha depressa! Está tendo uma corrida de canoa!

- Qual é a relação de sentido que a segunda oração estabelece com a primeira?
_____

b) Reescreva as duas orações da atividade anterior empregando uma conjunção para conectá-las, a fim de estabelecer uma relação de sentido.
_____

c) No terceiro quadrinho, Charlie Brown, ao se dirigir a Snoopy, emprega uma sequência de orações. Sobre elas, julgue os itens a seguir.

   I. As orações "Vamos mostrar pra eles, Snoopy..." e "Vamos entrar nessa canoa" são as únicas orações coordenadas assindéticas do quadrinho.
   II. Há três orações coordenadas assindéticas no terceiro quadrinho.
   III. A oração "e virar heróis" é uma oração coordenada sindética aditiva, pois a conjunção *e* estabelece relação de adição com a oração anterior.
   IV. A oração "e virar heróis" é uma oração coordenada assindética, pois é introduzida por uma conjunção.
   V. As orações apresentam uma sequência lógica de ações para que Charlie Brown e Snoopy se tornem heróis.

   - Estão corretas apenas as afirmativas:
     ( ) I e II.   ( ) II, III e V.
     ( ) II e III.   ( ) II, IV e V.
     ( ) I, II e III.

3. Algumas conjunções e locuções conjuntivas que introduzem as orações coordenadas aditivas podem garantir maior valor enfático à porção textual em que são empregadas. Considerando essa informação, analise os períodos abaixo.

   I. Na última competição de ginástica, Leonardo conquistou o título e alcançou o maior recorde de pontos em sua categoria.
   II. Na última competição de ginástica, Leonardo não só conquistou o título, mas também alcançou o maior recorde de pontos em sua categoria.

   - Em sua opinião, qual desses períodos é mais enfático? Explique.
   _____
   _____
   _____
   _____

4. Classifique os trechos a seguir de acordo com as relações de sentido estabelecidas pelas conjunções em destaque nas orações coordenadas sindéticas.

I. relação de adição/acréscimo
II. relação de contraste/oposição
III. relação de alternância
IV. relação de conclusão
V. relação de explicação ou justificativa

a) ( )

> Guardiola pede para Real acalmar os ânimos, **pois** o Barça "sempre volta"
>
> Disponível em: <http://www.gazetaesportiva.com/times/barcelona/guardiola-pede-para-real-acalmar-os-animos-pois-o-barca-sempre-volta/>. Acesso em: 2 maio 2019.

b) ( )

> Correios projetam lucro de até R$ 50 milhões para 2017, **mas** resultado depende da Justiça
>
> Disponível em: <https://oglobo.globo.com/economia/correios-projetam-lucro-de-ate-50-milhoes-para-2017-mas-resultado-depende-da-justica-1-21437559>. Acesso em: 2 maio 2019.

c) ( )

> A preservação ambiental no Brasil gera **ou** destrói empregos?
>
> Disponível em: <http://epoca.globo.com/ciencia-e-meio-ambiente/blog-do-planeta/noticia/2017/06/preservacao-ambiental-no-brasil-gera-ou-destroi-empregos.html>. Acesso em: 2 maio 2019.

d) ( )

> **Porque** o único sentido das cousas
> É elas não terem sentido oculto nenhum,
> É mais estranho do que todas as estranhezas
> E do que os sonhos de todos os poetas
> E os pensamentos de todos os filósofos,
> Que as cousas sejam realmente o que parecem ser
> E não haja nada que compreender.
> [...]
>
> Fernando Pessoa. *Poesias*. Porto Alegre: L&PM, 1996. p. 95.

e) ( )

> [...] uma parte dos advogados e legisladores entende que a separação judicial não existe mais, **portanto** ninguém precisa apresentar motivos nem culpados para se divorciar.
>
> Disponível em: <http://www1.folha.uol.com.br/fsp/equilibrio/52328-casamento-perdeu-a-carencia.shtml>. Acesso em: 2 maio 2019.

f) ( )

> "Eu não estou tentando produzir um documento, **mas** esculpir a imagem de uma época. É por isso que eu levo entre sete e dez anos para escrever cada livro."
>
> Disponível em: <http://g1.globo.com/pop-arte/noticia/2015/10/svetlana-alexievich-vence-nobel-de-literatura-2015.html>. Acesso em: 2 maio 2019.

g) ( )

> Agrotóxicos terão risco reavaliado pela Anvisa **e** podem ser retirados do mercado
>
> Disponível em: <https://g1.globo.com/economia/agronegocios/noticia/2019/05/02/agrotoxicos-terao-risco-reavaliado-pela-anvisa-e-podem-ser-retirados-do-mercado.ghtml>. Acesso em: 2 maio 2019.

5. Leia, abaixo, um texto acerca do debate sobre maioridade penal.

Redução da maioridade penal – um retrocesso na conquista de direitos

Sou radicalmente contra a redução da Maioridade Penal porque aceitar que meninos e meninas sejam penalizados cada vez mais cedo é fazer o que fazem as pessoas descomprometidas com o direito à vida do próximo: atacam a consequência mesmo sabendo que a solução é combater a causa do problema. [...]

Sou radicalmente contra a redução da Maioridade Penal porque creio na força transformadora que há na educação, como instrumento de cidadania, justiça e humanização. Por convicção própria e como resultado da experiência de anos trabalhando nessa área, acredito que nenhum tipo de cadeia pode superar a educação e contribuir para a reintegração de um adolescente em conflito com a lei na sociedade.

Sou radicalmente contra a redução da Maioridade Penal porque sabemos estar estatisticamente comprovado que os adolescentes em conflito com a lei são, em sua maioria, negros, pardos, de baixa escolaridade e baixo poder aquisitivo, além daqueles em situação de miséria. [...]

Impunidade?

Aos que questionam sobre uma possível sensação de impunidade quando se trata de atos praticados por adolescentes, devemos alertar que o artigo 112, do Estatuto da Criança e do Adolescente (ECA), já prevê medidas socioeducativas para menores de 18 anos que praticam atos infracionais (crimes ou contravenções penais).

Assim, um adolescente com 12 anos de idade, ainda em fase de desenvolvimento psicológico, emocional e intelectual, pode passar por todo processo pelo qual um adulto passa ao cometer um crime, ou seja, esse adolescente será internado (preso), processado, sancionado (condenado) e, se for o caso, cumprir a medida (pena) em estabelecimentos educacionais, que são verdadeiros presídios.

É imprescindível ressaltar que todas as medidas previstas no artigo 112 do ECA (internação em estabelecimento educacional, a inserção em regime de semiliberdade, a liberdade assistida e a prestação de serviços à comunidade) são iguais às sanções previstas no Código Penal e atribuídas aos adultos. Dessa forma, a prisão é igual à internação do adolescente; o regime semiaberto é semelhante à inserção do adolescente em regime de semiliberdade; a prisão albergue ou domiciliar se parece com a liberdade assistida prevista no ECA; e a prestação de serviços à comunidade é idêntica para os adolescentes em conflito com a lei.

Não podemos, no entanto, desconsiderar que ao criar o Estatuto da Criança e do Adolescente houve uma tentativa de tratar esses meninos e essas meninas em conflito com a lei de forma diferenciada do adulto que praticou crime, reconhecendo nele um sujeito de direitos em fase de desenvolvimento e que merece ser tratado com prioridade absoluta. O problema está exatamente na forma como essas medidas socioeducativas estão sendo aplicadas, pois na prática elas se tornam verdadeiras penas ineficazes e inúteis para a ressocialização do adolescente.

↑ Foto ilustrativa de uma cela carcerária.

Logo, o mais importante no momento não é reduzir a maioridade penal e sim fazer com que o ECA seja efetivamente cumprido pelos gestores das unidades de medidas socioeducativas, espaço destinado na teoria à ressocialização dos adolescentes. Nesse sentido, se faz necessário que as medidas socioeducativas sejam rediscutidas, aperfeiçoadas e cumpridas de modo a evitar um efeito contrário à recuperação: meninos e meninas mais corrompidos por um sistema pseudossocioeducativo. [...]

Maria da Conceição Damasceno Cinti. Disponível em: <http://conceicaocinti.jusbrasil.com.br/artigos/121943358/reducao-da-maioridade-penal-um-retrocesso-na-conquista-de-direitos>. Acesso em: 2 maio 2019.

a) Escreva a soma das alternativas corretas com relação ao fragmento a seguir, extraído do texto.

Sou radicalmente contra a redução da Maioridade Penal porque creio na força transformadora que há na educação, como instrumento de cidadania, justiça e humanização. Por convicção própria e como resultado da experiência de anos trabalhando nessa área, acredito que nenhum tipo de cadeia pode superar a educação e contribuir para a reintegração de um adolescente em conflito com a lei na sociedade.

(01) O trecho que inicia esse fragmento — "Sou radicalmente contra a redução da Maioridade Penal porque [...]" — foi usado repetidamente pela autora no decorrer do seu artigo, a fim de enfatizar sua posição com relação ao tema tratado.

(02) A oração "porque creio na força transformadora que há na educação, como instrumento de cidadania, justiça e humanização" apresenta uma das justificativas da autora para não apoiar, de modo algum, a redução da maioridade penal.

(04) A oração "porque creio na força transformadora que há na educação, como instrumento de cidadania, justiça e humanização" é uma oração coordenada sindética conclusiva.

(08) A oração "porque creio na força transformadora que há na educação, como instrumento de cidadania, justiça e humanização" não exerce nenhuma função sintática na oração anterior "Sou radicalmente contra a redução da Maioridade Penal". O que há entre essas orações é uma relação semântica.

(16) A última oração desse fragmento — "e contribuir para a reintegração de um adolescente em conflito com a lei na sociedade" — corresponde a uma oração coordenada sindética aditiva.

_____

_____

b) Na oração "porque creio na força transformadora que há na educação, como instrumento de cidadania, justiça e humanização", a conjunção *porque* poderia ser substituída, sem que se alterasse o sentido do trecho, por qual das alternativas abaixo? Assinale a resposta correta.

( ) mas
( ) pois
( ) logo
( ) e
( ) contudo
( ) entretanto
( ) portanto

c) Agora leia outro trecho retirado do texto.

> Dessa forma, a prisão é igual à internação do adolescente; o regime semiaberto é semelhante à inserção do adolescente em regime de semiliberdade; a prisão albergue ou domiciliar se parece com a liberdade assistida prevista no ECA; e a prestação de serviços à comunidade é idêntica para os adolescentes em conflito com a lei.

- Identifique no trecho a(s) oração(ões) coordenada(s) assindética(s) e a oração coordenada sindética aditiva.

_____
_____
_____
_____

d) No período "[...] O problema está exatamente na forma como essas medidas socioeducativas estão sendo aplicadas, **pois** na prática elas se tornam verdadeiras penas ineficazes e inúteis para a ressocialização do adolescente", a conjunção destacada introduz uma oração com valor:

( ) adversativo.
( ) alternativo.
( ) explicativo.
( ) conclusivo.
( ) aditivo.

e) Releia o parágrafo abaixo.

> **Logo**, o mais importante no momento não é reduzir a maioridade penal e sim fazer com que o ECA seja efetivamente cumprido pelos gestores das unidades de medidas socioeducativas, espaço destinado na teoria à ressocialização dos adolescentes.

- Com base no trecho acima e em seus conhecimentos sobre as conjunções, explique que relação o conectivo *logo* estabelece entre os parágrafos no texto.

_____
_____
_____

f) Leia um novo trecho do texto em estudo.

> A violência por parte dos adolescentes existe, **mas** ela sempre esteve aquém da violência praticada contra esses meninos e meninas colocados em instituições que na realidade não recuperam nem ressocializam.

Maria da Conceição Damasceno Cinti. Disponível em: <http://conceicaocinti.jusbrasil.com.br/artigos/121943358/reducao-da-maioridade-penal-um-retrocesso-na-conquista-de-direitos>. Acesso em: 2 maio 2019.

- Nesse período, a conjunção *mas* poderia ser substituída, sem prejuízo de sentido à porção textual, pelo conectivo:

( ) portanto.   ( ) pois.
( ) porque.   ( ) que.
( ) todavia.

6. Leia as frases a seguir e complete as lacunas com palavras formadas com os elementos indicados entre parênteses. Empregue o hífen quando necessário.

a) O vendedor de alho e _____ que dá lições de negócios no centro de SP. (guarda/chuva)

Disponível em: <https://economia.uol.com.br/empreendedorismo/noticias/redacao/2017/06/02/o-vendedor-de-alho-e-guarda-chuva-no-centro-de-sp-que-da-licoes-de-negocio.htm> Acesso em: 2 maio 2019.

b) Encontrado impressionante mecanismo _____ na pirâmide de Quéops. (anti/roubo)

Disponível em: <https://seuhistory.com/noticias/encontrado-impressionante-mecanismo-antirroubo-na-piramide-de-queops>. Acesso em: 2 maio 2019.

c) Mineira diz que mancha no rosto a deixa bonita e dá aula de _____. (auto/estima)

Disponível em: <https://oglobo.globo.com/sociedade/mineira-diz-que-mancha-no-rosto-deixa-bonita-da-aula-de-autoestima-21308993>. Acesso em: 2 maio 2019.

7. Agora, justifique o emprego ou não do hífen nas palavras da atividade anterior.

a) guarda/chuva:

b) anti/roubo:

c) auto/estima:

8. Complete as frases a seguir formando palavras com os elementos indicados entre parênteses. Utilize o hífen quando necessário.

a) No hospital, foram instaladas janelas _____. (anti/ruído)

b) A empresa implantou um sistema _____. (auto/sustentável)

c) A comida foi aquecida no forno _____. (micro/ondas)

d) O gerente fez uma declaração _____ para os funcionários. (ultra/conservadora)

e) A final do campeonato será disputada por clubes _____. (arqui/rivais)

f) As crianças se interessaram pelos temas da _____. (pré/história)

g) O funcionário da _____ foi promovido. (auto/escola)

h) Os livros de _____ foram os mais vendidos no mês passado. (auto/ajuda)

i) Ela fica linda com o casaco _____ que ganhou da avó. (azul/marinho)

j) Nas aulas de Literatura, estamos estudando o movimento _____. (ultra/romântico)

k) Muitos não pulam de _____ por medo de que ele não abra. (para/quedas)

CONHECIMENTOS LINGUÍSTICOS

65

GÊNERO TEXTUAL

Conto de enigma

- O **conto de enigma** é um gênero narrativo.
- Esse gênero apresenta uma sequência de ações que formam um **enredo**, o qual geralmente se inicia depois da ocorrência de um **mistério** que precisa ser desvendado (um crime, por exemplo).
- Em geral, há a presença de um **detetive**, que, por meio de **pistas**, consegue solucionar o caso.
- A **resolução do enigma** é inesperada e, por isso, surpreende o leitor.

Conto de terror

- O **conto de terror** tem por objetivo despertar no leitor sensações, entre elas a de medo e a de horror.
- Esse gênero apresenta, muitas vezes, **elementos sobrenaturais**.
- Em alguns contos, a causa do **terror** encontra-se na mente humana.
- Nos contos de terror, **tempo** e **espaço** são recursos narrativos importantes para criar suspense.
- A apresentação de **pequenos indícios** que sugerem ao leitor um perigo iminente ou a presença de um mal que ronda as personagens é, por vezes, utilizada com a finalidade de criar suspense.
- Os contos de terror costumam detalhar a **descrição da cena** e as **reações das personagens** com o objetivo de envolver o leitor na trama e adiar revelações, criando suspense.

▶ Praticando

1. Associe os gêneros indicados abaixo a suas respectivas características.

    I. Conto de enigma

    II. Conto de terror

    a) (   ) O suspense contribui para a criação do clima assustador, que é uma forte característica do gênero.
    b) (   ) O suspense é um elemento que deixa o leitor curioso para saber como o caso apresentado será desvendado.
    c) (   ) É comum haver personagens como detetive, criminoso, vítima e suspeitos.
    d) (   ) As personagens são misteriosas e nem todas as suas características são apresentadas, o que contribui para a criação do clima de pavor, o qual é típico do gênero.
    e) (   ) A descrição do espaço contribui para a atmosfera de mistério e suspense, característica do gênero.
    f) (   ) Apesar de a caracterização do espaço também ser importante, as ações parecem ter mais destaque do que o espaço.

2. Julgue os itens a seguir sobre os gêneros conto de enigma e conto de terror.

   I. O objetivo do conto de enigma é fazer o leitor se surpreender no final. Já o do conto de terror é despertar no leitor sensações de medo e de horror diante da morte, da loucura e do mal que se escondem na mente humana.

   II. Pistas falsas não podem ser dadas durante o conto de enigma.

   III. Há contos de terror em que a causa de temeridade se encontra apenas na mente da personagem.

   IV. É comum, no conto de enigma e no conto de terror, as ações ocorrerem no período noturno ou em espaços com pouca luminosidade. O espaço e o tempo, portanto, contribuem para a criação do clima de suspense.

   V. No conto de terror, muitas vezes, não há elementos sobrenaturais. A verossimilhança, portanto, não confere coerência à narrativa.

   - Estão corretas apenas as afirmativas:
     a) (   ) I, II e III.
     b) (   ) I, III e IV.
     c) (   ) I, II e V.
     d) (   ) II, III e IV.
     e) (   ) II, III e V.

3. Com relação ao enredo dos contos de enigma, que elementos precisam ser analisados por meio do raciocínio lógico-dedutivo para que o detetive e também o leitor consigam elucidar o mistério? Assinale-os.

   a) (   ) A maneira como o crime foi executado.
   b) (   ) Outros crimes cometidos na mesma localidade.
   c) (   ) As pistas que o detetive terá de seguir para chegar à solução do mistério.
   d) (   ) O elemento surpresa no desfecho do conto.
   e) (   ) A postura apresentada pelas personagens.

4. Para produzir suspense, um conto de terror deve apresentar algumas características. Sobre isso, assinale a(s) alternativa(s) correta(s).

   a) (   ) Detalhar as cenas, contando todos os acontecimentos.
   b) (   ) Retardar algumas informações.
   c) (   ) Detalhar reações das personagens.
   d) (   ) Apresentar indícios de perigo iminente.

5. Assinale a alternativa que apresenta um trecho de um conto de enigma.

a) ( )

> A música da Morte, a nebulosa,
> estranha, imensa música sombria,
> passa a tremer pela minh'alma e fria
> gela, fica a tremer, maravilhosa...
>
> Onda nervosa e atroz, onda nervosa,
> letes sinistro e torvo da agonia,
> recresce a lancinante sinfonia
> sobe, numa volúpia dolorosa...
>
> Sobe, recresce, tumultuando e amarga,
> tremenda, absurda, imponderada e larga,
> de pavores e trevas alucina...
>
> E alucinando e em trevas delirando,
> como um ópio letal, vertiginando,
> os meus nervos, letárgica, fascina...

b) ( )

> O caso é o seguinte: ontem à tarde, alguém ligou para a delegacia de Bonsucesso e comunicou que havia uma mulher morta, num pardieiro de um beco, na Avenida dos Democráticos. Uma patrulhinha, que estava nas proximidades, correu ao local e ali encontrou o corpo da Sra. Matilde Rezende. A polícia já a conhecia de nome e sabia que ela era agiota e avarenta, mas nunca a incomodou. [...] Alguém tinha entrado na casa, sempre fechada a sete chaves, e estrangulado a velha com uma corda de náilon. O cofre da sala estava aberto e vazio. Ora, a empregada jurou que a patroa tinha muito dinheiro naquele cofre.

c) ( )

> Mrs. Dalloway disse que ela própria compraria as flores.
> Quanto à Lucy, já estava com o serviço determinado. As portas seriam retiradas dos gonzos; em pouco tempo chegaria o pessoal de Rumpelmayer. Mas que manhã, pensou Clarissa Dalloway – fresca como para crianças numa praia!
> Que frêmito! Que mergulho! Pois sempre assim lhe parecera quando, com um leve ringir de gonzos, que ainda agora ouvia, abria de súbito as vidraças e mergulhava ao ar livre, lá em Bourton.

▶ Produzindo

Proposta

Agora é sua vez de produzir um conto de enigma. Todos os contos devem ser destinados à produção de uma coletânea de contos de enigma, que, depois de lida pela turma, será doada à biblioteca da escola.

GÊNERO	PÚBLICO	OBJETIVO	CIRCULAÇÃO
Conto de enigma	Comunidade escolar	Narrar uma história em torno de um enigma e na qual há uma solução	Sala de aula e biblioteca da escola

Planejamento e elaboração do texto

1. Seu desafio, ao produzir um conto de enigma, é, por meio do raciocínio lógico-dedutivo, apresentar a solução para um enigma.
2. Pesquise em jornais e na internet notícias de casos enigmáticos que ainda não foram desvendados. Com base em um deles, crie sua história.
3. Planeje seu texto, respondendo às seguintes questões:
    - Qual é o tipo de enigma a ser desvendado no conto: um roubo, um crime, um desaparecimento?
    - Quem será a vítima?
    - Quem poderia ser o culpado? Qual a relação dele com a vítima?
    - Qual teria sido a principal motivação para o crime?
    - Que pistas serão intencionalmente deixadas na narrativa? Haverá pistas falsas para confundir o detetive e o leitor?
    - De que forma o mistério será solucionado?
4. Com base nas respostas dadas, organize sistematicamente o que você planejou, definindo:
    - a **situação inicial:** Apresente as personagens, caracterizando-as. Defina também o foco narrativo: Será em primeira ou em terceira pessoa? Se for em primeira pessoa, que personagem será o narrador?
    - o **conflito:** Informe qual é o enigma a ser desvendado e que estabelece o conflito na narrativa.
    - o **desenvolvimento** e o **clímax:** Narre as ações executadas pelas personagens e que conduzirão ao clímax. Quais as pistas que o detetive vai seguir para solucionar o caso? No clímax, apresente a resolução do enigma.
    - o **desfecho:** Explique o que levou o culpado a cometer o crime e informe as consequências para ele.

Avaliação e reescrita do texto

1. Releia e avalie seu conto, considerando as questões apresentadas a seguir.

ELEMENTOS DO CONTO DE ENIGMA
As personagens são bem caracterizadas?
Ao longo da narrativa, há pistas que contribuem para a solução do enigma?
O conflito é resolvido de forma lógica?
O clímax apresenta uma solução para o enigma?
A motivação para o crime é revelada?

2. Troque seu texto com um colega e avalie o dele com base nos critérios acima. Depois, reescreva seu conto e organize a versão definitiva dele.

Circulação

1. Reúnam as produções da turma e organizem-nas em ordem alfabética segundo os títulos dos contos.
2. Criem uma capa para o livro e elaborem um sumário com os títulos dos contos de enigma e os nomes de seus respectivos autores.
3. O professor ficará responsável por organizar o empréstimo do livro para que todos possam lê-lo. Depois, doem a coletânea para a biblioteca da escola.

Novela de ficção científica

- No que diz respeito à extensão, a **novela de ficção científica** é maior do que o conto e menor do que o romance. Sua estrutura composicional baseia-se em uma narrativa linear, que apresenta concentração temática e, por conta disso, um número restrito de personagens.
- Por apresentar uma extensão menor do que a do romance, a novela tem um ritmo mais acelerado dos acontecimentos, fazendo com que a narrativa se concentre nas ações das personagens consideradas essenciais.
- A **ciência** funciona como base para o desenvolvimento do **enredo** tanto da novela quanto do conto e do romance de ficção científica.
- O enredo desse gênero textual, em geral, parte de conceitos científicos existentes no contexto histórico em que as histórias foram escritas, mas as narrativas fazem projeções dos usos e das possibilidades desses conhecimentos no futuro, por meio de uma situação inusitada ou de um mundo imaginário.
- Os fatos e os eventos de uma narrativa de ficção não são necessariamente reais, mas devem se conectar de maneira que sejam convincentes ao leitor, ou seja, de maneira que haja uma **coerência**.
- O importante não é a veracidade dos fatos narrados, mas sim sua **verossimilhança**, isto é, a coerência interna da obra artística, capaz de criar uma impressão de realidade.
- Na ficção científica, a verossimilhança é construída com base em alguns conceitos científicos e nas justificativas em torno dos elementos imaginários que surgem no decorrer da obra.
- A verossimilhança também precisa estar presente nas características e nas ações das personagens.

Romance de ficção científica

- O **romance de ficção científica** é uma narrativa ficcional mais longa que o conto e a novela. Nele, as ações ocorrem em conjunto, o ritmo narrativo é mais lento e as personagens podem surgir no decorrer da trama. Por conta desse ritmo imposto pela narrativa, as personagens são descritas de maneira mais densa e complexa.
- Nos romances de ficção científica, o **enredo** se desenrola em um mundo onde a **ciência** se apresenta segundo a imaginação do autor, acentuando-se algum conhecimento científico já existente.
- A escolha das palavras em um texto narrativo não ocorre de forma gratuita; ao contrário, qualquer fato ou personagem descrito exige **seleção lexical**, com o objetivo de criar **efeitos de sentido** capazes de impactar o leitor. No caso do romance de ficção científica, assim como no da novela, como a ciência é o pano de fundo para o desenvolvimento do enredo, a escolha lexical está relacionada a esse universo.
- O uso e a explicação dos conceitos científicos nos textos de ficção fazem com que o texto se torne mais rico em termos de caracterização. De forma geral, os conceitos utilizados devem estar sempre claramente explicados no interior da trama para não prejudicar a compreensão da história.

▶ Praticando

1. A palavra *verossimilhança* tem a ver com *verossímil* (de *vero*, "verdadeiro, real" + *símil*, "semelhante"), ou seja, aquilo que "parece verdadeiro", é "semelhante à verdade". Mas, em termos literários, em que consiste o conceito de verossimilhança? Explique. Para isso, pesquise na biblioteca da escola e na internet.

_____
_____
_____
_____
_____
_____
_____

2. Leia, com atenção, as afirmações a seguir, referentes às características da novela e do romance de ficção científica.

   I. Toda história de ficção científica apresenta elementos fantasiosos, como fantasmas e monstros.
   II. Nesses dois gêneros textuais, o enredo se desenrola em um mundo onde a ciência real teria evoluído segundo a imaginação do autor, com ênfase em alguma tendência já em desenvolvimento.
   III. Nos textos de ficção científica, em geral, uma situação possível no mundo real é apresentada de modo extremo.
   IV. A novela e o romance de ficção científica não preveem o desenvolvimento dos conhecimentos científicos já existentes.
   V. A escolha do vocabulário a ser empregado nos textos de ficção científica também visa contribuir com a verossimilhança da obra.

   • Estão corretas somente as afirmações:
     a) (   ) I e IV.
     b) (   ) II, III e V.
     c) (   ) I, II e III.
     d) (   ) III e IV.
     e) (   ) IV e V.

3. Leia um trecho de *1984*, romance de ficção científica escrito por George Orwell, cujo protagonista é Winston Smith, um funcionário do governo.

   > [...] Ao longe, um helicóptero, voando baixo sobre os telhados, pairou um instante como uma libélula e voltou a afastar-se a grande velocidade, fazendo uma curva. Era a patrulha policial, bisbilhotando pelas janelas das pessoas. As patrulhas, contudo, não eram um problema. O único problema era a Polícia das Ideias.
   >
   > [...] A teletela recebia e transmitia simultaneamente. Todo som produzido por Winston que ultrapassasse o nível de um sussurro muito discreto seria captado por ela; mais: enquanto Winston permanecesse no campo de visão enquadrado pela placa de metal, além de ouvido também poderia ser visto. [...] Tentar adivinhar o sistema utilizado pela Polícia das Ideias para conectar-se a cada aparelho individual ou a frequência com que o fazia não passava de especulação. Era possível inclusive que ela controlasse todo mundo o tempo todo. [...]

   George Orwell. *1984*. São Paulo: Companhia das Letras, 2009. p. 12-13.

a) Como o mundo é retratado nesse trecho?
___
___
___
___

b) O que é a teletela e qual sua função?
___
___
___
___

c) Que características presentes no trecho permitem classificar a obra como um romance de ficção científica?
___
___
___
___
___

4. Assinale qual das imagens a seguir representa um espaço mais propício para o desen-rolar de uma história de ficção científica.

( )

( )

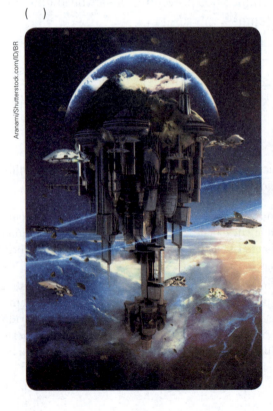

▶ Produzindo

Proposta

Nesta unidade, você conheceu as principais características de uma novela de ficção científica. Agora é sua vez de produzir um conto de ficção científica e criar uma aventura interplanetária. Seu texto será publicado no *blog* da turma para que possa ser compartilhado e lido por várias pessoas.

GÊNERO	PÚBLICO	OBJETIVO	CIRCULAÇÃO
Conto de ficção científica	Leitores do *blog* da turma	Narrar uma história de aventura interplanetária	*Blog* da turma

Planejamento e elaboração do texto

1. Para orientar a produção de seu conto de ficção científica, defina alguns elementos:
   - Quem são as personagens que participarão da história?
   - Como será caracterizado o espaço em que a história se passa?
   - Qual é a teoria científica que norteará o enredo?
   - Que tipo de transporte as personagens vão usar para viajar entre os planetas?
   - Que tipo de seres extraterrestres serão encontrados nesses lugares?
   - Quais serão os maiores desafios do(s) protagonista(s) da sua história?

2. Definidos os elementos, pense de que forma você vai iniciar a história e como será o desenvolvimento e o clímax.

3. Pense também que tipo de desfecho o conto terá. Ele provocará impacto, surpresa ou reflexão no leitor?

4. Durante a produção do conto, além de considerar a estrutura do gênero, não deixe de atentar para os recursos expressivos da ficção científica, os quais garantem a construção da verossimilhança nesses textos. É importante que haja uma lógica interna no conto, para que o leitor se convença da coerência do texto.

Avaliação e reescrita do texto

1. Releia e avalie seu conto de ficção científica, considerando as questões a seguir.

ELEMENTOS DO CONTO DE FICÇÃO CIENTÍFICA
Há no conto uma teoria científica que norteia o enredo?
A história apresenta um encadeamento dos fatos de forma coerente?
O espaço tem características de um cenário de ficção científica?
O desfecho da história traz a resolução do conflito de maneira verossímil?

2. Troque seu texto com um colega e avaliem o trabalho um do outro com base nos critérios acima. Ao receber seu texto com os apontamentos do colega, escreva a versão definitiva do conto de ficção científica.

Circulação

1. Reúnam as produções e publiquem-nas no *blog* da turma.

2. Após a publicação, divulguem o *link* para outros colegas e para seus familiares, a fim de que conheçam a produção da turma.

Diário íntimo

- O autor de um **diário íntimo** registra **fatos acontecidos no dia a dia**.
- Como não é possível relatar todos os momentos de um dia, a pessoa que escreve um diário registra apenas os acontecimentos que, de alguma maneira, têm maior importância para ela.
- Além de fatos cotidianos, costuma-se também registrar **pensamentos** e **impressões** que esses acontecimentos provocam.
- Por ser geralmente confidencial, o diário íntimo funciona, para seu autor, como um interlocutor em quem ele confia e ao qual pode revelar segredos e reflexões íntimas.
- Os diários íntimos são textos muito **subjetivos**, pois aquele que escreve procura apresentar sua visão pessoal desses fatos e o valor que atribui a eles.
- O efeito de subjetividade também pode ser observado por meio da escolha dos fatos relatados, da presença de frases opinativas, da seleção do vocabulário e do emprego de determinados adjetivos.
- As indicações de **datas** e de **locais** em que os fatos relatados ocorreram possibilitam ao leitor uma contextualização dos acontecimentos, ampliando seu entendimento.

Declaração

- A **declaração** é um texto normativo e legal. Sua organização se dá por meio de hierarquização (títulos, parágrafos, artigos, etc.), como ocorre em outros textos jurídicos.
- Um **texto normativo** é aquele que integra um conjunto de regras, normas ou preceitos, e é destinado a reger o funcionamento de um grupo, de um país ou de determinada atividade, entre outras finalidades.
- Em geral, os textos normativos são constituídos por **preâmbulo**, **normas gerais** e **disposição final**.
- É comum cada regra ser formulada em um parágrafo, recorrendo-se à numeração a fim de facilitar a organização do documento e a consulta a ele.
- Em textos normativos, é comum utilizar verbos no modo indicativo, expressando assertividade em relação às normas apresentadas.
- Nesses textos, as palavras são usadas de modo preciso, evitando duplos sentidos, para não causar dúvidas no leitor.

Petição *on-line*

- A **petição** é uma espécie de pedido formal enviado a determinadas autoridades, órgãos públicos ou empresas relacionadas ao assunto em questão.
- Esses pedidos constituem, na prática, uma **reivindicação**, que representa o esforço de um grupo de pessoas para fazer valer um direito.
- As **petições** *on-line* são feitas pela internet e espera-se que sejam assinadas e divulgadas pelo maior número de pessoas possível.

- Aqueles que assinam a petição são conhecidos como **signatários**, que concordam com as ideias e as propostas que ela veicula.
- Para fortalecer a argumentação da petição, o autor pode citar a declaração de uma pessoa ou instituição de importância reconhecida no assunto tratado. Esse procedimento é conhecido como **argumento de autoridade**. Ele funciona como uma estratégia para **convencer as pessoas** a assinar o documento e para incitar as autoridades responsáveis a atender à reivindicação feita.

▶ Praticando

1. Leia o trecho a seguir, extraído do diário de Guimarães Rosa, que viveu em Hamburgo, na Alemanha, no período da Segunda Guerra Mundial e registrou, entre os anos de 1939 a 1941, os horrores desse momento histórico.

> **25 de outubro de 1940**
>
> O ataque de ontem à noite foi o mais sério e terrível de quantos houve até hoje. Das 9 e 30 às 3,30, de depois das 4 e tanto até às seis da manhã. Parece que inaugurou para nós uma nova fase de guerra aérea. Será que começou mesmo o fim do mundo?! O trovão das bombas se repetia, infernal.

Guimarães Rosa. Palavras de Guerra. Revista *Bravo!*, São Paulo, Abril, p. 33, fev. 2008.

← Cidade de Hamburgo, na Alemanha, completamente destruída após constantes bombardeios.

a) O que está sendo relatado por Guimarães Rosa no trecho?
_____
_____

b) É possível afirmar que esse trecho do diário apresenta uma visão subjetiva dos fatos? Explique.
_____
_____

2. Leia algumas afirmações sobre o gênero diário íntimo.

   I. O autor de um diário íntimo registra nele todos os fatos acontecidos a cada dia.

   II. Os diários íntimos costumam apresentar cabeçalhos com data para, possivelmente, em uma leitura posterior, o autor saber a que momento se refere cada relato.

   III. No diário íntimo, registram-se apenas fatos acontecidos a cada dia; não há a transcrição de pensamentos e/ou impressões do escritor.

   IV. No gênero diário íntimo, o tempo e o espaço do relato são bem determinados e jamais se confundem com o tempo e o espaço reais.

   V. Pronomes na 1ª pessoa, como *eu, meu, minha, me,* etc., são constantemente utilizados nesse gênero textual, já que nele são registrados e descritos fatos acontecidos com a pessoa que escreve.

   - Estão corretas apenas as afirmativas:
     a) (   ) II e V.
     b) (   ) I e III.
     c) (   ) III e IV.
     d) (   ) II, IV e V.
     e) (   ) II e III.

3. Assinale as alternativas que caracterizam um diário íntimo.

   a) (   ) É de caráter público.
   b) (   ) Tem teor confidencial.
   c) (   ) O leitor é o próprio autor.
   d) (   ) O autor dirige-se a vários interlocutores.
   e) (   ) Nele, são feitas descrições de segredos e reflexões pessoais.
   f) (   ) O leitor pode ser qualquer usuário da internet.
   g) (   ) Funciona, para seu autor, como um interlocutor.
   h) (   ) Os relatos apresentados são, em geral, de interesse coletivo.
   i) (   ) Há interação: o leitor pode deixar mensagens manifestando sua opinião com relação ao conteúdo dos relatos.
   j) (   ) O autor pode escrever sem se preocupar com as apreciações externas; ele se expressa com mais liberdade temática e formal.

4. Leia as frases abaixo sobre as características de um texto normativo, classificando-as em verdadeiras (V) ou falsas (F).

   a) (   ) A organização de um texto normativo se dá, em geral, por meio da numeração de suas normas, que são apresentadas em diferentes parágrafos.
   b) (   ) Leis, declarações e tratados são exemplos de textos normativos.
   c) (   ) Um texto normativo não pode ser utilizado como um documento oficial por uma instituição.
   d) (   ) Uma das finalidades de um texto normativo é reger o funcionamento de uma atividade ou de um grupo de indivíduos.
   e) (   ) A linguagem utilizada em um texto normativo é informal.
   f) (   ) O modo subjuntivo é o mais empregado no texto normativo, expressando incerteza em relação aos itens apresentados.

5. O texto da Declaração dos Direitos da Criança, adotada em 1959 pela Assembleia das Nações Unidas, apresenta uma introdução (preâmbulo) e dez princípios. Leia a seguir os quatro primeiros.

[...]

Direito à igualdade, sem distinção de raça, religião ou nacionalidade

Princípio I – A criança desfrutará de todos os direitos enunciados nesta Declaração. Estes direitos serão outorgados a todas as crianças, sem qualquer exceção, distinção ou discriminação por motivos de raça, cor, sexo, idioma, religião, opiniões políticas ou de outra natureza, nacionalidade ou origem social, posição econômica, nascimento ou outra condição, seja inerente à própria criança ou à sua família.

Direito à especial proteção para o seu desenvolvimento físico, mental e social

Princípio II – A criança gozará de proteção especial e disporá de oportunidade e serviços, a serem estabelecidos em lei por outros meios, de modo que possa desenvolver-se física, mental, moral, espiritual e socialmente de forma saudável e normal, assim como em condições de liberdade e dignidade. Ao promulgar leis com este fim, a consideração fundamental a que se atenderá será o interesse superior da criança.

Direito a um nome e a uma nacionalidade

Princípio III – A criança tem direito, desde o seu nascimento, a um nome e a uma nacionalidade.

Direito à alimentação, moradia e assistência médica adequadas para a criança e a mãe

Princípio IV – A criança deve gozar dos benefícios da previdência social. Terá direito a crescer e desenvolver-se em boa saúde; para essa finalidade deverão ser proporcionados, tanto a ela, quanto à sua mãe, cuidados especiais, incluindo-se a alimentação pré e pós-natal. A criança terá direito a desfrutar de alimentação, moradia, lazer e serviços médicos adequados.

[...]

Declaração dos Direitos da Criança. Disponível em: <http://leaozinho.receita.fazenda.gov.br/biblioteca/estudantes/Textos/DeclaracaoDireitosCrianca.htm>. Acesso em: 2 maio 2019.

a) Explique por que esse é um texto normativo.

___
___
___
___
___

b) Em sua opinião, o que teria motivado a escrita dessa declaração?

_____
_____

c) Qual o registro de linguagem usado nesse documento? Justifique.

_____
_____

6. Leia a petição *on-line* a seguir.

> **Ajude-nos a levar crianças autistas ao cinema! Entre em contato com o projeto Sessão Azul!**
>
> Nossas crianças autistas têm problemas sensoriais que impossibilitam sua visita a sessões de cinema convencionais. Existe um projeto chamado Sessão Azul que leva às cidades sessões próprias para crianças autistas. Entretanto, precisamos (nós, pais e cuidadores) que algum *Shopping center* abrace a iniciativa. Este abaixo-assinado visa mostrar aos gestores de *Shoppings* de Florianópolis o número expressivo de crianças, pais e cuidadores que gostariam deste projeto em nossa cidade. Vamos mostrar que há interesse e nós como consumidores temos o direito de levar nossos filhos com dificuldades cognitivas a este lazer nos cinemas da Capital. Uma vez que você, gestor, veja nossa demanda, apoie! Entre em contato com a Sessão Azul e ajude nossas crianças autistas!

Carine Amidianski. *Change.org*, 2017. Disponível em: <https://www.change.org/p/ajude-sess%C3%A3o-azul-para-crian%C3%A7as-autistas-em-florian%C3%B3polis-autismo-sess%C3%A3oazul>. Acesso em: 2 maio 2019.

a) O que é reivindicado nessa petição? Em sua resposta, indique o problema exposto e a proposta de solução.

_____
_____
_____

b) Apesar de a petição ter sido criada por uma pessoa em particular (a mãe de uma criança autista), a reivindicação feita expressa um interesse coletivo. Essa petição representa o interesse de quem?

_____
_____

c) Quais os argumentos utilizados pela mãe para atingir o objetivo da petição?

_____
_____
_____
_____

d) A petição alcançou mais de mil assinaturas em pouco tempo, o que chamou a atenção de um dos *shoppings* de Florianópolis, que aceitou receber o projeto Sessão Azul. Podemos afirmar que a petição alcançou seu objetivo? Justifique.

_____
_____

▶ Produzindo

Proposta

Agora você vai produzir uma página de diário íntimo a ser veiculada em um diário da turma. Depois de pronto, o diário circulará pela sala e, posteriormente, será doado para a biblioteca da escola.

GÊNERO	PÚBLICO	OBJETIVO	CIRCULAÇÃO
Diário íntimo	Comunidade escolar	Relatar acontecimentos cotidianos e pessoais	Sala de aula e biblioteca da escola

Planejamento e elaboração do texto

1. Defina sobre o que você vai escrever. Pense em uma situação da qual tenha participado e que queira compartilhar com outras pessoas. Pode ser uma ocasião especial em família, um evento ocorrido na escola, uma situação engraçada, uma situação desastrosa, etc.
2. Lembre-se de iniciar seu texto apresentando a data em que o fato ocorreu.
3. Empregue a primeira pessoa no relato.
4. Ao tratar dos acontecimentos, procure apresentar suas impressões pessoais sobre eles, de modo a deixar o texto mais subjetivo.
5. Empregue expressões que indicam tempo, como *hoje* e *ontem*.
6. Se quiser, empregue um registro mais informal.
7. Como o diário é subjetivo, pense em algumas colagens que podem ser feitas ao lado do seu texto, como fotografias, ilustrações, recortes de algum texto de que tenha gostado e que traga lembranças a você.

Avaliação e reescrita do texto

1. Releia e avalie seu diário, considerando as questões apresentadas a seguir.

ELEMENTOS DO DIÁRIO ÍNTIMO
Foi indicada a data no início do texto?
Foi empregada a primeira pessoa?
Há marcas de subjetividade no relato?
Foram empregadas expressões que indicam tempo?
Foram anexados elementos como fotografias, ilustrações e recortes?

2. Troque seu texto com um colega e avalie o dele com base nos critérios acima. Depois, reescreva seu texto e organize a versão definitiva de sua página de diário.

Circulação

1. Organizem as produções da turma por ordem alfabética de autor. Criem uma capa para o diário. Para isso, pensem em uma imagem interessante que possa ilustrá-la e definam o título do diário.
2. Estabeleçam um revezamento do diário entre vocês, para que todos tenham a oportunidade de ler os textos. Depois, doem o diário da turma para a biblioteca da escola.

Verbete de enciclopédia

- O **verbete de enciclopédia** é um gênero **expositivo** cuja finalidade é apresentar para o leitor **não especialista** informações validadas pela comunidade científica sobre assuntos históricos, artísticos e científicos.
- O **título do verbete** é a porta de acesso às informações de uma enciclopédia. É importante que ele seja composto, preferencialmente, de uma **palavra só** ou de uma **expressão curta**. Títulos maiores podem aparecer no meio do texto para apresentar informações mais específicas sobre o tema.
- Quando o tema abordado é abrangente, o conteúdo do verbete de enciclopédia pode ser organizado em seções, indicadas por **intertítulos**, responsáveis por facilitar a leitura e realçar os tópicos tratados.
- A linguagem empregada no verbete de enciclopédia costuma ser **objetiva** e **descritiva**. O **registro** em geral é **formal**. No entanto, há variações, sobretudo quando o texto é destinado a crianças ou jovens.
- Normalmente, a linguagem de um verbete de enciclopédia cria o efeito de **impessoalidade**, mediante o uso de terceira pessoa e da ordem direta.
- Com relação à estrutura, em geral, os verbetes se organizam em **ordem alfabética**, pelo título, e é comum contarem com fotografias, ilustrações, mapas, esquemas, etc.
- Atualmente, esse gênero é facilmente encontrado nas mídias digitais, o que influencia na estrutura e permite maior interatividade. Um exemplo disso é o caso das enciclopédias colaborativas, das quais a *Wikipédia* é a mais conhecida.
- A presença de *hiperlinks* é uma característica dessa nova realidade: eles são elementos clicáveis que direcionam o leitor a outros verbetes, permitindo a ampliação ou o aprofundamento da leitura. Os *hiperlinks* transformam o verbete em um **hipertexto**, ou seja, em um texto de leitura pluridirecional.

Dissertação acadêmica

- A **dissertação acadêmica** é um gênero **expositivo** e **argumentativo** utilizado no meio acadêmico, que tem como público-alvo a comunidade científica.
- Esse gênero textual, por conta do público ao qual se destina, apresenta uma linguagem **objetiva**, com a presença de **termos técnicos** da área. O registro de linguagem empregado é **formal**.
- Com relação à estrutura, a dissertação acadêmica segue as prescrições da Associação Brasileira de Normas Técnicas (ABNT) e, por isso, apresenta: capa, folha de rosto, ficha catalográfica, folha de aprovação, resumo, *abstract*, sumário, introdução, desenvolvimento (que é dividido em capítulos), conclusão e referências bibliográficas (fontes consultadas para o desenvolvimento da pesquisa).
- As **citações** são elementos textuais que caracterizam o texto científico. Na **citação direta**, um trecho de outra obra é citado de maneira integral; e, na **citação indireta** ou **paráfrase**, o conteúdo de um texto-fonte é reescrito pelo produtor da dissertação com suas próprias palavras. Nos dois casos, a identificação da fonte é obrigatória.

▶ Praticando

1. Sobre o verbete de enciclopédia, responda às questões.

   a) Com que intenção as pessoas costumam consultar um verbete de enciclopédia?
   _____
   _____

   b) Onde os verbetes de enciclopédia costumam circular?
   _____

2. Considerando as características do gênero verbete de enciclopédia, escreva (V) para as afirmações verdadeiras e (F) para as falsas.

   a) (   ) Os verbetes de enciclopédia, geralmente, são descritivos e objetivos.

   b) (   ) Os textos que compõem as enciclopédias não requerem atualização.

   c) (   ) Até algumas décadas atrás, havia apenas enciclopédias impressas em papel.

   d) (   ) O tempo e a forma verbal predominantes nos verbetes de enciclopédia são o presente do indicativo e a primeira pessoa do plural.

   e) (   ) Atualmente, esse gênero é facilmente encontrado nas mídias digitais.

   f) (   ) Verbetes de enciclopédia são textos expositivos que têm o objetivo de expor e explicar um assunto ao leitor.

   g) (   ) Em geral, as enciclopédias destinam-se apenas a um público especializado nos assuntos sobre os quais busca informações.

   h) (   ) Mesmo na era da internet, os livros impressos ainda são a opção mais segura para pesquisar verbetes de enciclopédia.

   i) (   ) A presença de *hiperlinks* no texto de verbetes transforma a enciclopédia digital em um **hipertexto**.

   j) (   ) Os verbetes de enciclopédia apresentam linguagem complexa, carregada de termos científicos e técnicos, os quais são, de modo geral, entendidos apenas por especialistas.

   k) (   ) Enciclopédia é uma obra que reúne conhecimentos humanos gerais ou relacionados a determinada área e que as pessoas consultam quando buscam esclarecimento sobre certo assunto.

   • Agora, corrija os itens assinalados como falsos.
   _____
   _____
   _____
   _____
   _____

3. Leia o sumário da dissertação *Fadas, robôs, deuses e dragões: a literatura juvenil no ensino de Ciências*, de Rosana Marques de Souza, defendida em 2016 na Universidade de São Paulo. Em seguida, responda às questões.

SUMÁRIO

1.	**Introdução**...	10
1.1.	A literatura infantojuvenil e suas origens	11
1.2.	Os jovens e a literatura juvenil	13
1.3.	O prazer de ler	15
[...]		
2.	**Referencial de análise**	35
2.1.	O nível fundamental	36
2.2.	O nível narrativo	37
2.3.	O nível discursivo	38
3.	**Estudo teórico das obras**..	41
3.1.	Lucky Starr	41
3.1.1.	Análise e resultados	43
3.2.	Artemis Fowl...	50
3.2.1.	Análise e resultados	51
[...]		
4.	**Aplicação de atividade**..	70
4.1.	O projeto ALICE...	70
[...]		
5.	**Considerações finais**..	91
6.	**Referências bibliográficas**	94
[...]		

Disponível em: <http://www.teses.usp.br/teses/disponiveis/48/48134/tde-19102016-141203/pt-br.php>.
Acesso em: 7 mar. 2019.

a) De acordo com o sumário, quais as principais partes dessa dissertação?

_____

_____

b) Relacione as partes identificadas no item anterior com as funções que desempenham dentro da estrutura de uma dissertação. Para isso, use os números que acompanham cada parte.

(   ) Apresenta a relação de livros consultados na elaboração da dissertação.
(   ) Apresenta brevemente o assunto a ser tratado na dissertação.
(   ) Corpo da dissertação, no qual está exposto o desenvolvimento do trabalho.
(   ) Apresenta apontamentos de caráter conclusivo, encerrando a dissertação.

4. Leia as frases a seguir sobre as características de uma dissertação acadêmica e, em seguida, classifique-as em verdadeiras (**V**) ou falsas (**F**).

a) (   ) Nas citações incorporadas ao texto, a identificação das fontes é dispensável.
b) (   ) Uma dissertação é um documento que apresenta resultados de uma pesquisa.
c) (   ) O item "resumo" costuma indicar objetivos, métodos usados e conclusões.
d) (   ) A linguagem empregada no texto pode ser coloquial.

▶ Produzindo

Proposta

Agora é sua vez de produzir um verbete de enciclopédia, cujo assunto deve estar relacionado ao universo das artes. Após a turma finalizar os verbetes, eles serão reunidos em uma enciclopédia, que será disponibilizada na biblioteca da escola para consulta daqueles que se interessarem pelo assunto.

GÊNERO	PÚBLICO	OBJETIVO	CIRCULAÇÃO
Verbete de enciclopédia	Comunidade escolar	Produzir verbete de enciclopédia relacionado ao universo das artes	Enciclopédia especializada em arte disponibilizada na biblioteca da escola

Planejamento e elaboração do texto

1. Em primeiro lugar, escolha uma área artística de seu interesse: literatura, pintura, escultura, música ou dança. Em seguida, procure conversar com os colegas da sua turma sobre as escolhas de cada um, a fim de conferir se todas as áreas foram contempladas.

2. O professor vai organizar a turma em grupos, de acordo com a preferência de cada um. Cada grupo ficará responsável por uma manifestação artística.

3. Realizem as pesquisas em *sites* confiáveis da internet e em livros da biblioteca da escola ou da biblioteca municipal.

4. Confrontem as informações encontradas para verificar se há ou não divergências entre elas. Se necessário, pesquisem em outra fonte e conversem com os professores sobre as dúvidas que surgirem.

5. Para organizar as informações do verbete, criem intertítulos como: introdução, biografia (de um artista), características de seu trabalho, principais obras, etc.

6. Empreguem linguagem objetiva e registro formal.

Avaliação e reescrita do texto

1. Agora é o momento de reler o verbete de enciclopédia produzido pelo grupo, considerando as questões a seguir.

ELEMENTOS DO VERBETE DE ENCICLOPÉDIA
A pesquisa foi feita em mais de uma fonte?
O verbete foi organizado em intertítulos?
As informações foram agrupadas coerentemente nos intertítulos?
O texto foi escrito no registro formal e com uma linguagem objetiva?

2. Após revisar o texto, refletindo sobre as questões apresentadas acima, o grupo deve escrever a versão definitiva do verbete de enciclopédia.

Circulação

1. Reúnam as produções da turma e organizem a enciclopédia.

2. Não se esqueçam de criar uma capa e de disponibilizar uma versão na biblioteca da escola para que toda a comunidade escolar tenha acesso à produção da turma.

Texto dramático

- O **texto dramático** é aquele escrito não só para ser lido, mas, principalmente, para ser representado.
- Em geral, o texto dramático não tem narrador.
- O texto é construído com falas das personagens, que podem se expressar por meio de diálogos, monólogos e apartes.
    - O **diálogo** é a conversa entre duas ou mais personagens.
    - O **monólogo** é a fala de uma personagem sem a presença de outra, ou seja, sem um interlocutor.
    - O **aparte** é o comentário que a personagem faz diretamente para o público, como se não quisesse ser ouvida pelas demais personagens.
- Para orientar a representação, são usadas **rubricas**, ou seja, indicações aos atores e ao diretor sobre a expressão corporal, a entonação e a emoção das personagens durante a encenação. As rubricas também podem trazer informações sobre sonoplastia, iluminação, cenário e figurino.
- A **ação dramática** é composta de uma sucessão de acontecimentos vividos pelas personagens. Ela mostra o andamento dos fatos desde o início da trama até seu desenlace.
- O texto dramático é geralmente dividido em: ato, quadro e cena.
    - O **ato** é cada uma das partes em que se divide uma peça teatral e corresponde a um ciclo de ação completo. Um ato separa-se dos outros por um intervalo e é subdividido em quadros e cenas.
    - O **quadro** é uma das divisões da peça de teatro, menor que o ato. Costuma apresentar uma alteração de cenário ou de ambiente.
    - A **cena** é a menor divisão da peça de teatro.
- O gênero dramático subdivide-se em tragédia e comédia, tipos de peça que remontam ao teatro grego antigo.
    - A **tragédia** é uma das formas mais antigas de apresentação teatral. As peças trágicas costumam suscitar piedade ou terror no público.
    - A **comédia** tem como objetivo principal causar riso nos espectadores, por meio de recursos como o exagero e a ridicularização dos costumes.

▶ **Praticando**

1. O texto dramático corresponde a um gênero estruturado para ser encenado. Tendo em vista as características desse gênero, escreva (**V**) para as afirmações verdadeiras e (**F**) para as falsas.
    a) (   ) O texto dramático pode ser dividido em atos, quadros e cenas.
    b) (   ) Nesse gênero, sempre há um narrador para contar a história.
    c) (   ) Em textos dramáticos de comédia, o uso de personagens estereotipadas não é comum.
    d) (   ) A encenação consiste na transformação do texto dramático em uma peça teatral.
    e) (   ) Nos textos dramáticos, as personagens se expressam por meio de diálogos e de movimentos corporais.

f) ( ) As rubricas, no texto dramático, não são lidas em cena; a finalidade delas é orientar o ator sobre o tipo de movimento, gestos e expressões faciais que deve fazer e sentimento que deve expressar durante a encenação.

g) ( ) No decorrer do texto, o nome de cada personagem geralmente aparece antes da respectiva fala, a fim de que o leitor identifique qual personagem está falando.

h) ( ) No texto dramático, as características psicológicas das personagens e suas relações interpessoais são evidenciadas pelas falas e rubricas.

i) ( ) Um texto dramático não pode tornar-se um roteiro de cinema ou de televisão, e vice-versa, já que tais gêneros apresentam características distintas.

j) ( ) O tempo no texto dramático pode ser observado por dois modos: o tempo da representação (duração da ação em palco) e o tempo da história (época em que se desenrola a ação dramática).

k) ( ) As rubricas só trazem orientações que ajudam a identificar as ações e as intenções das personagens; elas nunca apresentam informações sobre a sonoplastia, a iluminação, o cenário e o figurino que devem ser utilizados no momento da encenação do texto dramático.

l) ( ) O texto dramático pode chamar a atenção para nossos costumes e hábitos e para determinadas práticas sociais. Também pode criticar, por meio da sátira e do riso, instituições e situações que fazem parte de nosso cotidiano.

2. Leia as afirmativas a seguir que tratam da linguagem dos textos dramáticos e, depois, indique qual é a alternativa correta.

I. O texto dramático não pode valer-se de gírias, de regionalismos.

II. Somente o registro formal pode ser empregado nos textos dramáticos.

III. A linguagem das personagens é um fator que ajuda a conferir maior verossimilhança ao texto.

IV. O emprego dos sinais de pontuação é um recurso importante na linguagem do texto dramático. A pontuação indica a emoção e os sentimentos da personagem.

V. Algumas características da linguagem oral – pausas, reformulações, hesitações, repetições, marcadores conversacionais – geralmente não são transcritas para o texto dramático e, nesse caso, cabe ao diretor e aos atores incluí-las durante a representação do texto, conforme a intencionalidade do espetáculo.

• Estão corretas somente as afirmativas:
a) ( ) I e II.
b) ( ) II e IV.
c) ( ) I, II e III.
d) ( ) III e V.
e) ( ) III, IV e V.

3. Leia a seguir um trecho da obra *Auto da compadecida*, de Ariano Suassuna.

> JOÃO GRILO
> Pois vou vender a ela, para tomar o lugar do cachorro, um gato maravilhoso, que descome dinheiro.
> CHICÓ
> Descome, João?
> JOÃO GRILO
> Sim, descome, Chicó. Come, ao contrário.
> CHICÓ
> Está doido, João! Não existe essa qualidade de gato.
> JOÃO GRILO
> Muito mais difícil de existir é pirarucu que pesca gente e você mesmo já foi pescado por um.
> CHICÓ
> É mesmo, João, do jeito que as coisas vão eu não me admiro mais de nada.
> JOÃO GRILO
> Para uma pessoa cuja fraqueza é dinheiro e bicho não vejo nada melhor do que um bicho que descome dinheiro.
> CHICÓ
> João, não é duvidando não, mas como é que esse gato descome dinheiro?
> JOÃO GRILO
> É isso que é preciso combinar com você. A mulher vem já para cá, cumprir o testamento. Eu deixei o gato amarrado ali fora. Você vá lá e enfie essas pratas de dez tostões no desgraçado do gato, entendeu?
> CHICÓ
> Entendi.
> JOÃO GRILO
> Quando eu gritar por você, venha, me entregue o gato e deixe o resto por minha conta.
> CHICÓ [...]
> E o que é que eu ganho nisso tudo?
> JOÃO GRILO
> Uma parte no testamento do cachorro. [...]

Ariano Suassuna. *Auto da compadecida*. Disponível em: <https://moodle.ufsc.br/pluginfile.php/1905669/mod_resource/content/1/Auto%20da%20Compadecida.pdf>. Acesso em: 6 maio 2019.

- Com base em seus conhecimentos sobre texto dramático, você afirmaria que o trecho acima é um texto desse gênero? Cite duas características do gênero para justificar sua resposta.

_____
_____
_____
_____

▶ Produzindo

Proposta

Agora é sua vez de produzir uma continuação para o trecho do *Auto da compadecida*, reproduzido na página anterior. Em seguida, você e os colegas vão expor as produções no mural da escola.

GÊNERO	PÚBLICO	OBJETIVO	CIRCULAÇÃO
Texto dramático	Comunidade escolar	Escrever uma sequência para o trecho do *Auto da compadecida*	Mural da escola

Planejamento e elaboração do texto

1. Imagine como teria terminado a cena em que a personagem João Grilo tenta vender para a mulher do padeiro o gato que "descome" dinheiro.
2. Para isso, procure pensar o que aconteceu depois que a personagem João Grilo arquitetou o plano e o colocou em prática com a ajuda de Chicó.
   - O plano deu certo e João Grilo conseguiu enganar a mulher?
   - Ela ficou, a princípio, desconfiada ou acreditou na mentira assim que viu o gato "descomendo" dinheiro?
   - Qual o fim da história para João Grilo, Chicó e a mulher?
3. Apresente o nome das personagens antes de suas respectivas falas. Lembre-se de que as falas devem ser alternadas, de modo a criar um diálogo.
4. Empregue um registro adequado ao trecho original do texto.
5. Utilize rubricas para orientar a movimentação dos atores e indicar a entonação e a emoção das personagens durante a encenação. Empregue-as também para fornecer informações sobre os efeitos sonoros e de iluminação.

Avaliação e reescrita do texto

1. Releia e avalie seu texto dramático, considerando as questões apresentadas a seguir.

ELEMENTOS DO TEXTO DRAMÁTICO
O texto apresentou o nome das personagens antes de cada fala?
Foi apresentada uma cena posterior à do texto da página anterior?
A linguagem empregada está adequada à do trecho original?
As rubricas estão claras e são suficientes para orientar a montagem da peça?

2. Após a avaliação, faça as correções necessárias, a fim de aprimorar seu texto, e organize a versão definitiva dele.

Circulação

1. Você e os colegas devem reunir as produções da turma e, junto com o professor, escolher um lugar na escola para montar o mural. Organizem-no de modo que todas as produções fiquem visíveis.
2. Depois de algum tempo de exposição, procurem saber o que as pessoas que viram o mural acharam dos textos criados.

Poema

- Os **poemas** são textos organizados em versos e estrofes que apresentam uma forma de expressão rica em significados.
- É comum a criação de efeitos de sentido nos poemas, a partir da evocação de imagens concretas e da atribuição de novos sentidos às palavras. Essas imagens transmitem sensações, ideias e emoções relacionadas ao tema do poema.
- As **figuras de linguagem** são um recurso utilizado nos poemas para ampliar e enriquecer o significado das palavras. Algumas das figuras mais utilizadas são:
  - **comparação**: aproxima, de forma explícita, dois elementos distintos.
  - **metáfora**: constrói, por meio da relação implícita entre elementos, sentidos não usuais para palavras e expressões.
  - **aliteração**: refere-se à repetição proposital de sons consonantais idênticos para intensificar o ritmo.
  - **metonímia**: consiste em substituir um termo por outro com base na aproximação de ideias (pelo emprego da parte pelo todo, do autor pela obra, da causa pelo efeito, etc.).

Poema visual

- O **poema visual** rompe com a estrutura composicional típica do poema, organizada em versos e estrofes. Nele, há a combinação de palavras com elementos icônicos, ou seja, há a associação de **elementos verbais** e **não verbais**.
- Nesses poemas, há uma relação entre o **conteúdo** e a **forma** como as palavras são dispostas no papel: as letras compõem um desenho e, assim, ampliam os sentidos das palavras.
- Nos poemas visuais, há, portanto, o estabelecimento de uma relação mútua entre significado, aspectos visuais, aspectos sonoros e aspectos tipográficos (relacionados aos tipos de letra usados em um texto).
- Nesses poemas, os sons e as letras podem aparecer decompostos para gerar efeitos de sentido, formando jogos de palavras.

▶ Praticando

1. Leia as afirmações a seguir sobre o gênero poema e marque verdadeiro (V) ou falso (F).
   a) ( ) Dificilmente os poemas apresentam repetição de palavras ou sons.
   b) ( ) O gênero poema não costuma constituir um texto de denúncia de problemas da sociedade.
   c) ( ) As ilustrações são sempre consideradas parte intrínseca dos poemas.
   d) ( ) Para transmitir seus sentimentos ou suas impressões sobre o mundo, o poeta pode criar imagens, atribuindo novos sentidos às palavras.
   e) ( ) A vida nas metrópoles, as relações de trabalho, os novos modelos de família e a realidade das minorias são temas recorrentes em poemas atuais.
   f) ( ) Não se pode afirmar que a produção poética seja diretamente responsável por transformações sociais, mas, sem dúvida, tem sido, ao longo da história, veículo de reflexão e/ou denúncia sobre acontecimentos diversos.

2. Leia o fragmento do poema "A leviana", escrito por Gonçalves Dias. Depois, julgue os itens que seguem.

A leviana
És engraçada e formosa
Como a rosa,
Como a rosa em mês d'Abril;
És como a nuvem doirada
Deslizada,
Deslizada em céus d'anil.

Tu és vária e melindrosa,
Qual formosa
Borboleta num jardim,
Que as flores todas afaga,
E divaga
Em devaneio sem fim.

És pura, como uma estrela
Doce e bela,
Que treme incerta no mar:
Mostras nos olhos tua alma
Terna e calma,
Como a luz d'almo luar. [...]

Gonçalves Dias. A leviana. Em: *Primeiros cantos*. Disponível em: <http://www.dominiopublico.gov.br/download/texto/bv000115.pdf>. Acesso em: 6 maio 2019.

I. No poema, podem ser observados diferentes recursos de linguagem poética, como rimas, repetições e o emprego de figuras de linguagem.
II. Nos versos da segunda estrofe do poema, é empregada uma metáfora, no trecho em que a mulher descrita pelo eu lírico é comparada a uma "Borboleta num jardim".
III. Nos versos da segunda estrofe do poema, é empregada uma comparação, no trecho em que a mulher descrita pelo eu lírico é comparada a uma "Borboleta num jardim".
IV. Em versos como: "És engraçada e formosa/ Como a rosa", o autor faz uso de uma figura de linguagem predominante no poema. Essa figura é a comparação.

- Estão corretas somente as afirmativas:
    a) (   ) I e III.
    b) (   ) III e IV.
    c) (   ) I e II.
    d) (   ) I, III e IV.
    e) (   ) II, III e IV.

3. A metonímia é uma figura de linguagem frequentemente utilizada em poemas. Tal figura tem como fundamento o uso de um nome no lugar de outro com base na relação lógica de proximidade entre a palavra substituta e a palavra substituída. A partir dessas informações, analise as frases a seguir e assinale a única que não apresenta essa figura.

    a) (   ) Meu sorriso é meu cartão de visita.
    b) (   ) A cidade inteira viu desolada, de queixo caído, a chuva lavar a rua.
    c) (   ) Estela só queria saber de ler Machado de Assis.
    d) (   ) De tanta sede, bebeu o copo inteiro.

89

4. Com relação ao poema e à linguagem poética, analise os itens a seguir.

   I. É frequente o uso de figuras de linguagem no poema.
   II. A pontuação usada no poema costuma ter uma função expressiva.
   III. Não é comum, na linguagem poética, a criação de novos significados para cenas e objetos do cotidiano.
   IV. Uma característica da linguagem poética é apresentar palavras, expressões e construções que, no contexto em que são empregadas, são sempre entendidas de uma única maneira.
   V. A linguagem poética, associada ou não à música, possibilita o registro da interpretação emotiva de fatos e sentimentos que são, muitas vezes, de caráter universal.

   - Estão corretas apenas as afirmações:
     a) (   ) I e III.
     b) (   ) I e IV.
     c) (   ) II e IV.
     d) (   ) I, II e V.
     e) (   ) II, III e V.

5. Relacione cada uma das figuras de linguagem indicadas abaixo aos trechos de poemas apresentados.

   I. Comparação   II. Metáfora   III. Aliteração   IV. Metonímia

   a) (   )

   > Em horas inda louras, lindas
   > Clorindas e Belindas, brandas,
   > Brincam no tempo das berlindas,
   > As vindas vendo das varandas,
   > De onde ouvem vir a rir as vindas
   > Fitam a fio as frias bandas.

   Fernando Pessoa.

   b) (   )

   > Cantigas de portugueses
   > São como barcos no mar —
   > Vão de uma alma para outra
   > Com riscos de naufragar.

   Fernando Pessoa.

   c) (   )

   > Amor é um fogo que arde sem se ver
   > É ferida que dói e não se sente
   > É um contentamento descontente
   > [...]

   Luís Vaz de Camões.

d) (   )

> Asas, tontas de luz, cortando o firmamento.
>
> Olavo Bilac.

e) (   )

> Os anos matam e dizimam tanto
> Como as inundações e como as pestes.
>
> Olavo Bilac.

f) (   )

> Vozes veladas, veludosas vozes,
> Volúpias dos violões, vozes veladas,
> Vagam nos velhos vórtices velozes
> Dos ventos, vivas, vãs, vulcanizadas.
>
> Cruz e Sousa.

g) (   )

> Meu coração é um almirante louco
> que abandonou a profissão do mar
> [...]
>
> Fernando Pessoa.

6. Leia o texto a seguir, criado pelo escritor Sérgio Capparelli.

Sérgio Capparelli. Falta de sorte. Em: *Tigres no quintal*.
Porto Alegre: Kuarup, 1989. p. 58.

a) Esse texto pode ser considerado um poema visual? Por quê?

b) Por que o eu lírico afirma estar sem sorte?

c) A palavra *cai* não está alinhada, mas disposta na diagonal. Por quê?

d) A frase embaixo do círculo vermelho também não está alinhada. Transcreva-a na ordem em que deve ser lida.

e) Considere o círculo vermelho e a disposição da frase embaixo dele. Que imagem esses elementos formam?

f) O que cada parte da frase representa dentro dessa composição?

g) No poema, a expressão "perder a cabeça" é usada no sentido literal ou figurado? Qual é o significado dessa expressão?

h) Qual é a relação existente entre o círculo vermelho e a palavra *Japão*?

i) Há a presença de rima no poema? Em caso afirmativo, identifique as palavras que rimam.

▶ Produzindo

Proposta

Agora é sua vez de produzir um poema para se expressar poeticamente sobre algum sentimento. Depois de pronto, seu texto será lido aos colegas em uma roda de leitura. Ao final, os poemas serão expostos no mural da escola para que todos possam ler a produção da turma.

GÊNERO	PÚBLICO	OBJETIVO	CIRCULAÇÃO
Poema	Comunidade escolar	Expressar-se poeticamente em relação a um sentimento	Roda de leitura e exposição em mural da escola

Planejamento e elaboração do texto

1. Escolha um sentimento sobre o qual gostaria de falar (amor, raiva, saudade, tristeza, entre outros).
2. Decida se os versos de seu poema serão escritos com rima ou não.
3. Caso sejam rimados, pense nas palavras relacionadas ao assunto que podem ser incluídas e faça uma lista.
4. Defina as figuras de linguagem que poderão ser utilizadas para dar mais expressividade e sonoridade ao texto e contribuir para o efeito poético. Pense, por exemplo, em quais palavras e imagens podem ser usadas para construir aliterações, comparações, metáforas e metonímias.
5. Lembre-se de que um poema deve despertar as mais diversas sensações e emoções no ouvinte e no leitor.
6. Crie um título sugestivo para seu poema, de modo a despertar o interesse do ouvinte e do leitor pelo texto.

Avaliação e reescrita do texto

1. Releia e avalie seu poema, considerando as questões a seguir.

ELEMENTOS DO POEMA
O sentimento tratado no poema está claro para o leitor?
O poema apresenta sonoridade e ritmo que contribuem para o efeito de sentido do texto?
Foram empregadas comparações, metáforas e outras figuras de linguagem?
O título é sugestivo?

2. Após a avaliação, escreva a versão definitiva do poema, fazendo os ajustes necessários, e prepare-se para a roda de leitura.

Circulação

1. Organizem as carteiras em semicírculo. Conforme indicado pelo professor, cada aluno lerá seu poema em voz alta. Atentem para o ritmo, a entonação e a gestualidade.
2. Ao final da roda de leitura, exponham os poemas no mural da escola.
3. Por fim, façam uma avaliação coletiva e comentem o que acharam da roda de leitura.

Artigo de opinião

- O **artigo de opinião** é um gênero jornalístico que se caracteriza pela sequência argumentativa, marcada pela explicitação e análise de uma tese, pela formulação de argumentos e pela conclusão sobre o tema abordado.
- A **introdução** corresponde ao início do artigo de opinião. Ela pode ser apresentada de várias maneiras: por meio de um **questionamento** dirigido diretamente ao leitor, de uma **exemplificação** ou, ainda, de uma **tese**, a qual tem o objetivo de introduzir o assunto e explicitar o posicionamento do autor em relação a ele.
- Para persuadir o leitor sobre suas ideias, o articulista emprega diversos **argumentos**, os quais têm o objetivo de validar sua tese e, em alguns casos, promover uma mudança de postura sobre o assunto. Para isso, o autor seleciona os tipos de argumento que considera mais convincentes, como **dados estatísticos** e **exemplos**.
- Outro tipo de argumento usado é o de **competência linguística**, que diz respeito à adequação do texto ao interlocutor. Ao escrever um artigo, o autor precisa ter em mente quem é seu público-alvo, a fim de empregar uma linguagem adequada a ele, criando uma identidade entre autor e leitor.

Editorial

- O **editorial** é um gênero predominantemente argumentativo que apresenta o **posicionamento** do veículo que o publica a respeito de um tema em discussão na sociedade, refletindo a posição ideológica desse veículo.
- É um texto que não costuma ser assinado.
- Para defender uma ideia, diversos tipos de argumento podem ser usados. Além do **argumento de competência linguística**, no editorial destacam-se o **argumento de dados de pesquisa**, que revela números e porcentagens, e o **argumento de autoridade**, em que se cita a voz de uma autoridade no tema, em razão de seus estudos ou de suas atividades profissionais.

▶ Praticando

1. Leia as alternativas que seguem e assinale aquela que contém uma informação **incorreta** com relação à linguagem dos artigos de opinião.

    a) ( ) Muitas vezes, o autor de um texto opinativo usa determinada linguagem como estratégia para criar proximidade com seus interlocutores.

    b) ( ) O uso de exemplos, em textos assim, também se configura como uma estratégia dos autores para se aproximarem de seus prováveis leitores.

    c) ( ) O autor de um artigo de opinião precisa fazer uso de uma linguagem adequada ao público-alvo e ao veículo no qual seu artigo será publicado.

    d) ( ) Ao produzir um artigo de opinião, o autor nunca deve fazer uso de uma linguagem menos formal, tampouco pode empregar termos estrangeiros em sua produção.

    e) ( ) Embora, na maioria das vezes, a boa argumentação, em um artigo de opinião, seja favorecida pelo uso da norma-padrão, em muitas situações, ao afastar-se dela, o autor de um texto pode estar fazendo um exercício consciente de argumentação.

2. O artigo de opinião é um gênero no qual o autor pretende convencer ou persuadir o leitor sobre determinada ideia. Analise as afirmações a seguir, referentes às características desse gênero textual, marcando verdadeiro (**V**) ou falso (**F**).

a) (   ) Trata-se de um gênero predominantemente expositivo.

b) (   ) Trata-se de um gênero predominantemente argumentativo.

c) (   ) Em artigos de opinião, o autor não exprime sua visão pessoal sobre determinado fato nem deixa marcas de subjetividade.

d) (   ) O articulista conta com uma única possibilidade de elaboração do parágrafo inicial de seu texto, que é fazer a introdução e nela definir e explicitar o tema de seu artigo.

e) (   ) O articulista pode fazer uso de diversas estratégias argumentativas em seu texto; elas serão determinadas de acordo com o público que se pretende atingir.

f) (   ) Em geral, o primeiro parágrafo de um artigo de opinião tem bastante importância, pois nele não só se apresenta o tema que será tratado, mas também se busca conquistar a atenção do leitor.

g) (   ) O artigo de opinião vale-se de um processo de argumentação que busca seduzir, influenciar e transformar os valores do leitor ou ouvinte a favor de determinada posição assumida pelo autor do texto.

3. Explique em que consiste cada um dos argumentos indicados abaixo.

TIPOS DE ARGUMENTO	EXPLICAÇÃO
Argumento de autoridade	
Argumento de competência linguística	
Argumento de dados de pesquisa e estatísticos	
Argumento baseado em exemplos	

4. O artigo de opinião costuma ser estruturado com os seguintes elementos: introdução, desenvolvimento e conclusão. Considerando esses elementos, a ideia central e os argumentos de um artigo de opinião, analise as afirmações a seguir.

   I. A tese é a ideia principal do texto, a ser defendida pelo autor.
   II. A introdução de um artigo de opinião pode predispor o leitor a prosseguir a leitura ou abandoná-la, a assumir uma postura receptiva em relação aos argumentos que surgirão no desenvolvimento ou a se indispor previamente contra eles.
   III. Os argumentos devem fundamentar a tese apresentada.
   IV. As informações que sustentam um ponto de vista devem ser coerentes e admissíveis, visando persuadir o interlocutor.
   V. Antes de fazer uso de um argumento de autoridade, não há necessidade de o articulista realizar uma leitura mais aprofundada do assunto a ser tratado no texto, já que todos os argumentos utilizados em artigos de opinião são, em geral, baseados no senso comum.
   VI. Fazer a retomada e a síntese das ideias apresentadas no decorrer do texto corresponde à única forma de que o autor dispõe para elaborar a conclusão de seu artigo de opinião.

   - Estão corretas apenas as afirmações:
     a) ( ) I, II e V.
     b) ( ) II, III e IV.
     c) ( ) II, IV e VI.
     d) ( ) I, II, III e IV.
     e) ( ) I, III, IV e V.

   - Explique as afirmações erradas.
   _____
   _____
   _____
   _____
   _____
   _____

5. Quais são as semelhanças e as diferenças entre um artigo de opinião e um editorial?
   _____
   _____
   _____
   _____
   _____
   _____
   _____

▶ Produzindo

Proposta

Agora é sua vez de produzir um artigo de opinião e se posicionar sobre um assunto socialmente relevante. Para isso, busque responder ao seguinte questionamento: O governo brasileiro deveria permitir a entrada de imigrantes refugiados em seu território?

GÊNERO	PÚBLICO	OBJETIVO	CIRCULAÇÃO
Artigo de opinião	Comunidade escolar e usuários da internet	Posicionar-se criticamente sobre um assunto socialmente relevante	*Blog* da turma

Planejamento e elaboração do texto

1. Pesquise sobre o assunto proposto e defina seu posicionamento sobre ele, ou seja, se você é a favor ou contra o acolhimento de imigrantes refugiados pelo Brasil.
2. Inicie seu artigo apresentando sua tese e deixando bem clara para o leitor a ideia central de seu texto.
3. Defina quais tipos de argumentos você vai empregar para convencer o leitor sobre seu ponto de vista. Você pode, por exemplo, citar a fala de alguma autoridade no assunto, dar um exemplo que demonstre e comprove sua tese, mencionar dados estatísticos, etc.
4. Pense na ordem lógica da organização desses argumentos.
5. Empregue uma linguagem adequada ao público-alvo.
6. Conclua seu texto de modo a reforçar seu posicionamento sobre o assunto e crie para ele um título que instigue o leitor.

Avaliação e reescrita do texto

1. Releia e avalie seu artigo de opinião, considerando as questões a seguir.

ELEMENTOS DO ARTIGO DE OPINIÃO
A tese foi apresentada de modo claro para o leitor?
Foram empregadas diversas estratégias argumentativas?
A ordem em que os argumentos foram apresentados está coerente?
A conclusão está coerente com a introdução e os argumentos expostos?
O título desperta a atenção do leitor?
A linguagem está adequada à situação comunicativa?

2. Após a avaliação, escreva a versão definitiva do artigo e prepare-se para publicá-lo no *blog* da turma.

Circulação

1. Reúnam as produções e combinem com o professor um dia para a publicação no *blog* da turma.
2. Divulguem o *link* de acesso para a comunidade escolar, familiares e amigos para que todos possam conhecer suas ideias.

Carta do leitor

Em relação à **carta do leitor**, é importante destacar que:
- Constitui um gênero predominantemente argumentativo, por meio do qual o leitor se posiciona sobre determinado assunto abordado em alguma publicação de um jornal ou de uma revista.
- Diferentes objetivos podem motivar o leitor a escrever para um veículo de comunicação: comentar, criticar ou elogiar uma notícia, uma reportagem ou uma entrevista, posicionando-se sobre o assunto tratado.
- O autor da carta do leitor pode recorrer a diversas estratégias argumentativas, como **argumento por exemplificação**, **argumento de autoridade** e **argumento de competência linguística**.
- O autor pode ainda se valer do **argumento por raciocínio lógico**, que se fundamenta nas relações de causa e consequência, ou seja, na demonstração de que determinada conclusão (consequência) afirmada no texto é resultado lógico e coerente de determinada causa.
- Para refutar pontos de vista contrários ao seu, o autor costuma usar o **contra-argumento**. Por meio dessa estratégia, ele retoma ideias defendidas no texto, com as quais não concorda, a fim de questioná-las e combatê-las, atribuindo ao discurso publicado um sentido que o diminua diante dos leitores.
- A linguagem é empregada de modo a contribuir para a realização dos objetivos pretendidos pelo autor. Assim, ela pode ser usada para valorizar ou até mesmo para desqualificar o texto publicado. Pode também gerar uma grande identificação do leitor com o ponto de vista defendido pelo autor, por meio das estratégias argumentativas usadas.

Debate regrado

Em relação ao **debate regrado**, é importante destacar que:
- É um gênero oral predominantemente argumentativo, por meio do qual duas ou mais pessoas buscam apresentar seu ponto de vista sobre um assunto. Para isso, elas empregam **argumentos** para convencer os espectadores.
- Nele, há uma troca de ideias em que cada participante pode expressar sua opinião e avaliar os argumentos dos demais envolvidos. Assim, todos os participantes devem estar atentos ao que seus interlocutores dizem, para, caso discordem de sua opinião, refutá-la com argumentos bem fundamentados.
- Apresenta **regras** a serem seguidas pelos participantes. Os debatedores devem, por exemplo, respeitar o tempo determinado para suas falas e a sequência de participação de cada um.
- É um gênero comum em épocas pré-eleitorais, nas quais os candidatos procuram conquistar eleitores por meio da apresentação de suas propostas.
- Como ocorre na oralidade, a expressão do posicionamento dos participantes configura-se na relação entre a **linguagem verbal** (o conteúdo da fala) e a **linguagem não verbal** (postura corporal, gestos, sinais faciais, direção do olhar, cor da vestimenta).

▶ Praticando

1. Analise as características apontadas e indique a que gênero elas se referem. Use:
   C: para características do gênero **carta do leitor**.
   D: para características do gênero **debate regrado**.
   CD: caso algum item seja condizente com **ambos os gêneros**.

   a) (   ) Pode ser usado para comentar uma notícia.
   b) (   ) Tem o objetivo de expressar opiniões.
   c) (   ) Gênero predominantemente argumentativo.
   d) (   ) Tem o objetivo de promover a troca de ideias e de opiniões. Para isso, utiliza recursos como a argumentação.
   e) (   ) Faz uso das linguagens verbal e não verbal para expressar o posicionamento defendido e persuadir o público.
   f) (   ) Pode ser usado para criticar ou elogiar uma publicação, uma reportagem, um especial jornalístico ou uma entrevista.
   g) (   ) Pode ser empregado para apontar e corrigir uma informação errada que tenha sido publicada.
   h) (   ) Quando está escrito, o texto é uma transcrição de uma interação oral.
   i) (   ) Apresenta regras a serem seguidas pelos participantes.
   j) (   ) Origina-se de outros gêneros publicados em suportes de grande circulação, como jornais impressos e *on-line* e revistas.
   k) (   ) A linguagem empregada precisa estar adequada ao tipo de veículo em que será publicado o texto e ao perfil dos leitores da publicação.
   l) (   ) Pode ser originalmente veiculado em um programa de rádio. Uma vez transcrito, apresenta algumas marcas desse contexto de produção.
   m) (   ) Gênero em que duas ou mais pessoas expressam seu ponto de vista sobre um tema, cada uma procurando convencer o interlocutor e o público da verdade e da validade de sua posição.
   n) (   ) Para convencer os interlocutores da validade de uma opinião, pode-se usar, entre os diversos tipos de argumento, o discurso de autoridade (em que se apresenta o depoimento de um especialista na área) e o argumento por exemplificação (em que se menciona uma situação concreta para exemplificar um ponto de vista).
   o) (   ) A linguagem é empregada de modo a contribuir para os objetivos propostos no texto. Assim, ela pode ser usada para valorizar o texto comentado, para desqualificar o discurso publicado ou para gerar identificação com o leitor, entre outros fins.
   p) (   ) Pode apresentar argumentos por raciocínio lógico, ou seja, baseados nas relações de causa e consequência, de modo a persuadir o público em relação às ideias apresentadas.
   q) (   ) Sua ocorrência é especialmente comum em épocas de eleição.
   r) (   ) Gênero que, dependendo de seu contexto, tem transmissão em emissoras de televisão ou de rádio e em portais de notícias.
   s) (   ) Pode utilizar como recurso argumentativo o contra-argumento, que retoma um trecho do discurso do oponente, atribuindo-lhe um sentido que o desqualifique ou o diminua diante de seus leitores.
   t) (   ) Gênero oral que, para sua realização efetiva, precisa contar com a atenção de todos os participantes às explanações dos colegas.

2. Leia a seguir o trecho de um debate sobre a reforma ortográfica do português.

> **José Luís Rodrigues**: Bem, a mim foi-me atribuído o papel de moderador assim no último momento e em consequência não está previsto que eu realize perguntas, mas suponho que aqui o público, enquanto não aparecer o Ângelo Cristóvão, poderá fazer algumas perguntas até que o organizador nos diga a que hora terminamos. Eu lembro que são horas já bastante avançadas e especialmente sei que os hábitos portugueses, no sentido das refeições, não são como os de aqui, não? Então fazemos as perguntas até que nos digam o que fazemos. O professor António Gil tem a palavra.
>
> **António Gil**: Eu rogaria que o moderador perguntasse primeiro.
>
> **José Luís Rodrigues**: Eu cedo primeiramente aos assistentes a este acto, eu dou-lhes a palavra primeiramente, se não houver ninguém então pergunto algo.
>
> **Pergunta 1 (Xavier Vilhar Trilho)**: Eu perguntaria aos professores como veem desde a sua perspectiva a falta da unidade ortográfica real das duas variantes principais do português, português de Portugal e o português do Brasil, tendo em conta que já há um acordo ortográfico.
>
> **Evanildo Bechara**: O professor Malaca Casteleiro fez parte da Comissão, de modo que eu acho que a pergunta pode ser contestada por ele.
>
> **Responde Malaca Casteleiro**: Muito obrigado ao professor Evanildo Bechara. Bom, realmente a questão ortográfica é uma longa guerra de cem anos, não é? Foi desencadeada em 1911. Foi uma declaração de guerra ortográfica, uma declaração, subjacente, indireta. Propriamente, porque Portugal nessa altura resolveu levar por diante uma grande reforma ortográfica sem ter procurado o consenso do Brasil. Ora, determinar uma ortografia é um ato de soberania de um país sobre a língua, é um ato político e, portanto, não devia nunca ter sido tomada essa decisão sem o outro grande país de língua portuguesa se ter pronunciado sobre essa mesma reforma. E aí começou o grande erro do lado português. É verdade que no Brasil tinha havido já em 1907 também alguma tentativa de reforma ortográfica. De qualquer modo não foi por diante, não foi oficializada. Ainda que concordante dos dois lados do Atlântico, não podia nunca ser levada por um país avante sem realmente o outro participar nessa decisão política, nesse ato de soberania como é determinar uma nova ortografia para a língua comum. Portanto, esse é o grande problema e depois não houve nunca realmente entendimento. [...]

Conferência de Evanildo Bechara e Malaca Casteleiro, Universidade de Santiago de Compostela, Espanha, 8 out. 2007 (transcrição do debate). Disponível em: <https://academiagalega.org/normas-de-regime-interno/1444-transcricao-do-debate-nas-conferencias-de-8-de-outubro.html>. Acesso em: 9 maio 2019.

- Explique quais são as principais características do gênero debate presentes no trecho acima.

_____
_____
_____
_____
_____
_____
_____
_____

▶ Produzindo

Proposta

Agora é sua vez de produzir uma carta do leitor. Para isso, você deve escolher um texto sobre o qual vai opinar. Em seguida, deve enviar sua carta ao veículo em que o texto comentado foi publicado.

GÊNERO	PÚBLICO	OBJETIVO	CIRCULAÇÃO
Carta do leitor	Editor e leitores de um jornal ou de uma revista	Posicionar-se sobre uma notícia, uma reportagem ou outro texto jornalístico	Veículo de comunicação responsável pela publicação do texto comentado

Planejamento e elaboração do texto

1. Pesquise em jornais ou revistas, impressos ou *on-line*, textos jornalísticos com assuntos de seu interesse e escolha um desses textos para produzir uma carta do leitor.
2. Defina seu posicionamento sobre as ideias apresentadas: Você é favorável ou contrário ao que foi noticiado sobre o fato? Pretende fazer um elogio ou uma crítica ao texto?
3. Pesquise um pouco mais sobre o assunto e faça um levantamento dos argumentos que podem ser empregados em sua carta.
4. No início da carta, dirija-se ao editor do jornal ou da revista e indique sobre qual texto você vai comentar.
5. Lembre-se de empregar um tom respeitoso ao apresentar suas ideias.

Avaliação e reescrita do texto

1. Releia e avalie sua carta do leitor, considerando as questões apresentadas a seguir.

ELEMENTOS DA CARTA DO LEITOR
No início da carta, foi feita referência ao texto jornalístico que motivou a escrita dela?
Seu posicionamento está claramente explicitado?
Diferentes estratégias argumentativas foram empregadas para defender seu ponto de vista sobre o assunto?
Foram empregados argumentos convincentes?
O registro de linguagem está adequado à situação comunicativa?

2. Troque sua carta com um colega e avaliem o texto um do outro. Ao receber sua carta de volta, reescreva-a fazendo as modificações que considerar pertinentes.

Circulação

1. Verifique no *site* do jornal ou da revista algum *e-mail* de contato para o qual sua carta possa ser enviada.
2. Marque com o professor e os colegas a data em que as cartas serão encaminhadas.
3. Tente consultar as edições seguintes do jornal ou da revista ou acessar o *site* dessas publicações para verificar se a carta que enviou foi publicada. Mesmo se isso não ocorrer, tenha em mente que o mais importante é você manifestar sua opinião sobre o que lê e é noticiado.

DE OLHO NAS AVALIAÇÕES

1. (UEPG-PR)

    Só num caso a oração é sem sujeito. Identifique-a:

    a) Faltavam três dias para o batismo.

    b) Houve por improcedente a reclamação do aluno.

    c) Sobrou tempo suficiente para as comemorações.

    d) Choveu intensamente nesse fim de semana.

    e) Roubaram o carro do meu pai.

2. (UFPR)

    Dê a soma da(s) alternativa(s) que apresenta(m) sujeito indeterminado.

    (01) Alugaram-se muitos apartamentos na praia.

    (02) Neste estado há muitos desempregados.

    (04) Ontem fecharam a loja bem cedo.

    (08) Trabalhou-se muito na última eleição.

    (16) Espera-se você no próximo feriado.

    (32) Duvidou-se de sua palavra.

3. (Faap-SP)

    > **OLHOS DE RESSACA**
    >
    > Enfim, chegou a hora da encomendação e da partida. Sancha quis despedir-se do marido, e o desespero daquele lance consternou a todos. Muitos homens choravam também, as mulheres todas. Só Capitu, amparando a viúva, parecia vencer-se a si mesma. Consolava a outra, queria arrancá-la dali. A confusão era geral. No meio dela, Capitu olhou alguns instantes para o cadáver tão fixa, tão apaixonadamente fixa, que não admira lhe saltassem algumas lágrimas poucas e caladas... As minhas cessaram logo. Fiquei a ver as dela; Capitu enxugou-as depressa, olhando a furto para a gente que estava na sala. Redobrou de carícias para a amiga, e quis levá-la; mas o cadáver parece que a retinha também. Momentos houve que os olhos de Capitu fitaram o defunto, quais os da viúva, sem o pranto nem palavras desta, mas grandes e abertos, como a vaga do mar lá fora, como se quisesse tragar também o nadador da manhã.

    Machado de Assis.

    Só um destes verbos é transitivo direto, ao lado do qual aparece o objeto direto

    a) chegou a hora da encomendação.

    b) a confusão era geral.

    c) lhe saltassem algumas lágrimas.

    d) Capitu enxugou-as.

    e) as minhas cessaram logo.

4. (FOC-SP)

Duas orações abaixo têm sujeito indeterminado. Assinale-as:

I. Projetavam-se avenidas largas.
II. Há alguém esperando você.
III. No meio das exclamações, ouviu-se um risinho de mofa.
IV. Falava-se muito sobre a possibilidade de escalar a montanha.
V. Até isso chegaram a dizer.

a) I e II
b) III e IV
c) IV e V
d) III e V
e) I e V

5. (FGV-SP)

Leia atentamente: "O funcionário referiu o incidente a Diretoria."

Na frase acima, o termo a deve levar um acento gráfico grave, pois Diretoria tem função de:

a) adjunto adverbial de finalidade
b) objeto direto
c) sujeito
d) adjunto adnominal preposicionado
e) objeto indireto

6. (Mackenzie-SP)

> Ornemos nossas testas com as flores,
> e façamos de feno um brando leito;
> prendamo-nos, Marília, em laço estreito,
> gozemos do prazer de sãos amores [...]
> [...] aproveite-se o tempo, antes que faça
> o estrago de roubar ao corpo as forças
> e ao semblante a graça.

Tomás Antônio Gonzaga.

No poema, *roubar* exigiu objeto direto e indireto. Assinale a alternativa que contém verbo empregado do mesmo modo.

a) Ele insistiu comigo sobre a questão da assinatura da revista.
b) Emendou as peças para formar o desenho de uma casa.
c) Encontrou ao fim do dia o endereço desejado.
d) Eles alinharam aos trancos a ferragem da bicicleta.
e) Só ontem avisou-me de sua viagem.

7. (UFSE)

Identifique a alternativa em que todos os termos destacados têm a função de adjunto adnominal.

a) **As** funcionárias estavam absolutamente **impossibilitadas** de reagir.
b) Traga-**o** até aqui, com **todas as** bagagens.
c) **Belíssimas** gravuras foram vendidas por **eles**.
d) Eles chegaram **muito** tarde e jantaram **sozinhos**.
e) **Os** pareceres **dos técnicos** lhe foram plenamente favoráveis.

8. (Cesgranrio-RJ)

MEU POVO, MEU POEMA

Meu povo e meu poema crescem juntos
como cresce no fruto
a árvore nova

No povo meu poema vai nascendo
como no canavial
nasce verde o açúcar

No povo meu poema está maduro
como o sol
na garganta do futuro

Meu povo em meu poema
se reflete
como a espiga se funde em terra fértil

Ao povo seu poema aqui devolvo
menos como quem canta
do que planta

Ferreira Gullar.

Os termos "No povo" (v. 7) e "Ao povo" (v. 13) exercem, respectivamente, as funções sintáticas de

a) objeto indireto – adjunto adverbial.

b) objeto indireto – complemento nominal.

c) complemento nominal – objeto indireto.

d) adjunto adverbial – adjunto adverbial.

e) adjunto adverbial – objeto indireto.

9. (UFPE)

Sobre a história do arquipélago, explicou que fora doado pelo Rei de Portugal, em 1504, a Fernão de Noronha. O primeiro nome fora ilha de São João. Naqueles tempos era comum batizar os lugares com o nome da festa religiosa do dia da descoberta. Pode-se dizer, então, que ela foi vista pela primeira vez por olhos de navegantes europeus num dia 24 de junho, entre 1500 e 1503.

Abdias Moura. *O segredo da ilha.*

Em qual alternativa a expressão **não** exerce, no texto, a função de adjunto adverbial?

a) "... em 1504..."

b) "Naqueles tempos..."

c) "... pela primeira vez..."

d) "... pelo Rei de Portugal..."

e) "... num dia 24 de junho..."

10. (UEL-PR)

Na frase "Nomeá-los nossos REPRESENTANTES é revesti-los do direito AO MANDATO por três anos", as palavras em maiúsculo são, respectivamente:

a) predicativo do sujeito – adjunto adnominal.

b) objeto direto – objeto indireto.

c) predicativo do objeto – complemento nominal.

d) objeto direto – adjunto adnominal.

e) predicativo do objeto – objeto indireto.

11. (FGV-SP)

Observe a seguinte frase:

> . Recorrendo a elas, arrisco-me a usar expressões técnicas, desconhecidas do público, e a ser tido por pedante.

Das alternativas abaixo, assinale aquela em que a palavra sublinhada exerça a mesma função sintática de **pedante**, dessa frase.

a) As estações tinham passado rápido, sem que tivesse sido possível vê-las direito.

b) Fui julgado culpado, embora não houvesse provas decisivas a respeito do crime.

c) Ele era difícil de convencer, mas concordou quando a quantia foi oferecida.

d) Caminhou depressa por entre os coqueiros.

e) Ele passeou demasiado ontem; hoje, doem-lhe as pernas. Vai ser obrigado a deitar-se mais cedo.

12. (Ibmec-RJ)

Assinale a alternativa correta considerando o período abaixo.

Saímos apressados daquela reunião.

a) Tem-se predicação verbal, já que o núcleo do predicado é *saímos* – verbo intransitivo.

b) Tem-se predicação nominal, já que o núcleo do predicado é *apressados* – predicativo do sujeito.

c) Tem-se predicação verbal, já que o núcleo é *saímos* e *apressados* é um complemento nominal.

d) Tem-se predicação verbo-nominal, já que *saímos* e *apressados* constituem núcleos do predicado.

e) Tem-se predicação verbo-nominal, já que apresenta dois núcleos: *saímos* e *reunião*.

13. (Mackenzie-SP)

> Há uma gota de sangue em cada poema.

Assinale a alternativa que contém uma observação correta sobre a sintaxe dessa frase.

a) sujeito: "uma gota de sangue"

b) verbo intransitivo

c) adjuntos adverbiais: *uma* e "de sangue"

d) complemento nominal: "em cada poema"

e) predicado verbal: toda a oração

14. (PUC-SP)

Relativamente "a esse assunto", tenho muito que dizer.

A expressão entre aspas na frase anterior classifica-se, sintaticamente, como

a) objeto indireto.

b) adjunto adverbial.

c) adjunto adnominal.

d) objeto direto preposicionado.

e) complemento nominal.

15. (UFPA)

> Concordei, para dizer alguma coisa, para sair da espécie de sono magnético, ou o que quer que era que me tolhia a língua e os sentidos. Queria e não queria acabar a conversação: fazia esforço para arredar os olhos dela, e arredava-os por um sentimento de respeito; mas a ideia de parecer que era aborrecimento, quando não era, levava-me os olhos outra vez para Conceição. A conversa ia morrendo. Na rua, o silêncio era completo.

Machado de Assis. *Missa do galo*.

Em "... levava-me os olhos outra vez para Conceição" a função sintática de *me* é

a) objeto direto.

b) adjunto adverbial.

c) objeto indireto.

d) adjunto adnominal.

e) agente da passiva.

16. (PUC-SP)

Analise o período:

> Só pessoas **sem visão** não admitem que, neste setor, existe **oferta** considerada condizente **com a procura**.

Assinale a alternativa em que se apresenta corretamente a função sintática de cada termo em destaque, respeitando-se a ordem em que elas ocorrem no período

a) adjunto adverbial, sujeito, complemento nominal.

b) adjunto adnominal, objeto direto, complemento nominal.

c) adjunto adverbial, objeto direto, adjunto adnominal.

d) adjunto adnominal, sujeito, complemento nominal.

e) adjunto adnominal, objeto direto, adjunto adnominal.

17. (U. Alfenas-MG)

Em "... só respira fora **da água**", a expressão destacada é

a) adjunto adnominal.

b) complemento nominal.

c) adjunto adverbial.

d) objeto indireto.

e) aposto.

18. (UEL-PR)

Obtém-se a forma verbal "prejudica-os", transpondo para a voz ativa a frase

a) "Eles são prejudicados pelos próprios amigos."
b) "Ele vem sendo prejudicado pelos empresários."
c) "Ele é prejudicado pelos sucessivos equívocos."
d) "Eles foram prejudicados pelo chefe."
e) "Eles são prejudicados pela ambição."

19. (Unifor-CE)

Passando para a voz ativa a frase "O velho foi sendo recolhido à sua inferioridade", obtém-se a forma verbal

a) "foi recolhido".
b) "estava sendo recolhido".
c) "fora recolhido".
d) "foram recolhendo".
e) "iam recolhendo".

20. (PUC-SP)

A partir dos seguintes trechos: "... e nunca mais se soube o que era blasfêmia..."/ "dentro dos sons movem-se cores...", assinale a alternativa correta.

a) O pronome átono se exerce a função de partícula apassivadora na voz passiva analítica.
b) O pronome átono se exerce a função de partícula apassivadora na voz passiva pronominal.
c) O pronome átono se exerce a função de partícula apassivadora na voz ativa.
d) O pronome átono se é parte integrante do verbo.
e) O pronome átono se exerce a função de pronome reflexivo.

21. (UFSCar-SP)

Assinale a frase que apresenta a mesma construção sintática de: "assinaram-se tratados com a aprovação dos governos do Brasil e de Portugal".

a) Na Declaração do Milênio, divulgaram-se metas de preservação dos recursos hídricos.
b) O lance foi acidental: chocaram-se dois jogadores numa disputa normal de bola.
c) Os agentes russos conseguiram infiltrar-se no coração político da Alemanha Ocidental.
d) Alguns chefes da Gestapo arrependeram-se de seus crimes, depois da derrota nazista.
e) Na feira do Masp, aos domingos, vendia-se muito até 1998.

22. (UEL-PR)

Assinale a alternativa que preenche corretamente a lacuna da frase apresentada. Transpondo da voz ativa para a passiva a frase "Os alunos haveriam de ouvir os conselhos do mestre", obtém-se a forma verbal _____.

a) "teriam sido ouvidos".
b) "haveriam de ser ouvidos".
c) "haveria de ser ouvido".
d) "seriam ouvidos".
e) "ouvir-se-iam".

23. (Faap-SP)

A expressão em destaque em "... podes partir de novo, **Ó nômade formosa!**" exerce a função sintática de:

a) vocativo

b) aposto

c) sujeito

d) predicativo

e) objeto direto

24. (FMU-SP)

Em "Eu era **enfim**, **senhores**, **uma graça de alienado**.", os termos da oração destacados são respectivamente, do ponto de vista sintático:

a) adjunto adnominal, vocativo, predicativo do sujeito

b) adjunto adverbial, aposto, predicativo do objeto

c) adjunto adverbial, vocativo, predicativo do sujeito

d) adjunto adverbial, vocativo, objeto direto

e) adjunto adnominal, aposto, predicativo do sujeito

25. (PUC-PR)

> Plantadores de cana levaram o mangusto, um mamífero asiático, para acabar com os ratos no Havaí. Mas ele é diurno, e os ratos são notívagos. Resultado: hoje os dois animais são pragas na região.
>
> (Época, n. 405, p. 13)

Com relação ao texto, indique a alternativa FALSA:

a) A vírgula colocada após a palavra "diurno" está empregada de modo inadequado.

b) A expressão "um mamífero asiático", no texto, está funcionando como informação complementar, o que justifica o fato de estar entre vírgulas.

c) A palavra "mas" pode ser substituída, nesse caso, por "o problema é que".

d) Os dois-pontos (:) deram destaque à informação colocada em seguida.

e) O modo como o texto está construído orienta o leitor a inferir que o mangusto não é predador de ratos.

26. (Fuvest-SP)

Metonímia é a figura de linguagem que consiste no emprego de um termo por outro, havendo sempre uma relação entre os dois. A relação pode ser de causa e efeito, de continente e conteúdo, de autor e obra ou da parte pelo todo. Assinale a alternativa em que essa figura ocorre.

a) Achando aquilo um desaforo.

b) Miquelina ficou abobada com o olhar parado.

c) E as mãos batendo nas bocas.

d) Calções negros corriam, pulavam.

e) Palhetas subiram no ar.

27. (Mackenzie-SP)

> Cuido haver dito, no capítulo XIV, que Marcela morria de amores pelo Xavier. Não morria, vivia. Viver não é a mesma coisa que morrer; assim o afirmam todos os joalheiros deste mundo, gente muito vista na gramática. Bons joalheiros, que seria do amor se não fossem os vossos dixes* e fiados? Um terço ou um quinto do universal comércio dos corações. [...] O que eu quero dizer é que a mais bela testa do mundo não fica menos bela, se a cingir um diadema de pedras finas; nem menos bela, nem menos amada. Marcela, por exemplo, que era bem bonita, Marcela amou-me [...] durante quinze meses e onze contos de réis; nada menos.
>
> * Dixes: joias, enfeites

Machado de Assis. *Memórias póstumas de Brás Cubas.*

Assinale a alternativa correta sobre o texto.

a) Em "morria de amores pelo Xavier", "de amores" tem a função de adjunto adverbial de intensidade.

b) Em "assim o afirmam todos os joalheiros", o pronome oblíquo *o* retoma o período "Não morria, vivia".

c) Em "assim o afirmam todos os joalheiros", *joalheiros* é complemento do verbo *afirmar*.

d) O narrador surpreende o leitor ao utilizar o aposto "gente muito vista na gramática" para caracterizar *joalheiros*.

e) Ao dizer "Não morria, vivia", o narrador, através de uma antítese, confirma que Marcela padecia de amores por Xavier.

28. (Faap-SP)

> Durante este período de depressão contemplativa uma coisa apenas magoava-me: não tinha o ar angélico do Ribas, não cantava tão bem como ele. Que faria se morresse, entre os anjos, sem saber cantar? Ribas, quinze anos, era feio, magro, linfático. Boca sem lábios, de velha carpideira, desenhada em angústia – a súplica feita boca, a prece perene rasgada em beiços sobre dentes; o queixo fugia-lhe pelo rosto, infinitamente, como uma gota de cera pelo fuste de um círio... Mas, quando, na capela, mãos postas ao peito, de joelhos, voltava os olhos para o medalhão azul do teto, que sentimento! que doloroso encanto! que piedade! um olhar penetrante, adorador, de enlevo, que subia, que furava o céu como a extrema agulha de um templo gótico! E depois cantava as orações com a doçura feminina de uma virgem aos pés de Maria, alto, trêmulo, aéreo, como aquele prodígio celeste de garganteio da freira Virgínia em um romance do conselheiro Bastos. Oh! não ser eu angélico como o Ribas! Lembro-me bem de o ver ao banho: tinha as omoplatas magras para fora, como duas asas!

Raul Pompéia. *O Ateneu.*

"Durante este período de depressão contemplativa uma coisa apenas magoava-me: **Não tinha o ar angélico do Ribas**, não cantava tão bem como ele". A oração em destaque, em relação ao substantivo *coisa*, funciona como

a) sujeito.

b) objeto direto.

c) objeto indireto.

d) complemento nominal.

e) aposto.

29. (Mackenzie-SP)

"Sete anos de pastor Jacó servia Labão, pai de Raquel, serrana bela." Assinale a alternativa em que aparece uma função sintática que se repete no texto.

a) objeto direto
b) complemento nominal
c) sujeito
d) aposto
e) predicativo do sujeito

30. (Ibmec-RJ)

Assinale o período composto por três orações somente.

a) Os homens se esquecem de que a verdadeira amizade é fundamental.
b) Nunca fiz questão de que você viesse no horário.
c) Vou ao cinema agora, ele ao teatro, mas nos encontraremos à noite.
d) Tua chegada causa espanto e admiração, faz com que eu sonhe e delire.
e) Nunca mais ouviram falar daquele caso. O pouco que soubemos veio pelos jornais.

31. (UFV-MG)

Assinale a única alternativa em que a expressão *porque* deve vir separada.

a) Em breve compreenderás porque tanta luta por um motivo tão simples.
b) Não compareci à reunião porque estava viajando.
c) Se o Brasil precisa do trabalho de todos é porque precisamos de um nacionalismo produtivo.
d) Ainda não se descobriu o porquê de tantos desentendimentos.
e) Choveu durante a noite, porque as ruas estão molhadas.

32. (PUC-PR)

Leia o trecho atentamente:

> Em geral as pessoas pensam no letramento digital como conhecimento "técnico", relacionado ao uso de teclados, interfaces gráficas e programas de computador. **Porém**, o letramento digital é mais abrangente do que isso.

Em qual das alternativas o elemento linguístico destacado tem o mesmo sentido ao atribuído no fragmento acima?

a) Há estudiosos que preferem o conceito de letramento eletrônico – e não o de alfabetização eletrônica – por entender que não se trata apenas de ensinar a pessoa a codificar e decodificar a escrita, **mas** de inserir-se em práticas sociais nas quais a escrita tem um papel significativo.

b) O professor deve considerar que a nova geração, nascida na era do computador, exige que ele seja letrado digitalmente. **Portanto**, cabe ao professor investir nesse aprendizado.

c) Na pesquisa, os alunos mostraram que estão conscientes de que devem usar termos mais formais em certos contextos, **pois** cada processo de interlocução tem suas próprias exigências.

d) O problema é que há pessoas que fazem tudo para a gente lá na escola. **Com isso**, a gente nunca tem a chance de enfrentar os desafios que o computador oferece.

e) É importante mostrar para o professor que a aprendizagem digital se dará mais facilmente se ele interagir com pessoas que sejam fluentes no uso da máquina **e** não só com a máquina.

33. (Fuvest-SP)

"Podem acusar-me: estou com a consciência tranquila."

Os dois pontos (:) do período acima poderiam ser substituídos por vírgula, explicitando-se o nexo entre as duas orações pela conjunção:

a) portanto
b) e
c) como
d) pois
e) embora

34. (Unemat-MT)

Analise o funcionamento das conjunções em destaque nos seguintes enunciados.

> **I. Como proteger seu dinheiro**
>
> O novo guia para você entender o efeito da crise global no seu bolso – **e** as melhores estratégias para enfrentar estes tempos de aperto.
>
> (Época, 28/02/09)

> **II. Internet sem sair do sofá**
>
> Novas tecnologias levam os vídeos da rede à TV da sala. **Portanto**, começa uma nova batalha pela sua audiência.
>
> (Adaptado. Época, 28/02/09)

> **III. A verdade crua, assada e cozida**
>
> Um novo estudo sobre os efeitos da carne sugere que ela pode ser nociva – **mas** apenas em excesso. É o argumento que faltava para quem adora um filé.
>
> (Época, 28/02/09)

As conjunções "e", "Portanto" e "mas" estabelecem entre as orações, respectivamente, relação de:

a) adição – explicação – conclusão
b) adição – conclusão – oposição
c) separação – explicação – oposição
d) adição – exclusão – justificação
e) explicação – conclusão – oposição

35. (Mackenzie-SP)

> Eu também já fui brasileiro
> moreno como vocês.
> Ponteei viola, guiei forde
> e aprendi na mesa dos bares
> que o nacionalismo é uma virtude.
> Mas há uma hora em que os bares se fecham
> e todas as virtudes se negam.
>
> Carlos Drummond de Andrade.

Assinale a alternativa que apresenta conjunção com sentido equivalente ao de *mas* (sexto verso).

a) Anda que anda até que desanda.
b) Não só venceu mas também convenceu.
c) Mas que beleza, Dona Creuza!
d) Atirou-se do vigésimo sétimo andar e não se feriu.
e) Há sempre um "mas" em nossos discursos.

36. (Etec-SP)
Assinale a alternativa que completa, correta e respectivamente, o texto a seguir:

> **Lara-arroz**
>
> Em 1958, uma dona de casa, a brasileira Therezinha Zorowich, notou que, _____ cozinhava, desperdiçava muito arroz durante a lavagem dos grãos _____, além disso, estava cansada também de desentupir o ralo da pia.
>
> Por esse motivo inventou, para surpresa da própria família, o lava-arroz, hoje comercializado em todo o mundo. Therezinha tinha 26 anos na época da invenção e, _____ fosse formada em Odontologia, criou uma série de outros objetos e utensílios, na sua maioria para uso doméstico.

Marcelo Duarte. *O livro das invenções*. São Paulo: Cia. das Letras, 1997. Adaptado.

a) quando ... e ... embora
b) quando ... como ... porque
c) se ... visto que ... ainda que
d) se ... como ... embora
e) conforme ... e ... porque